おひとり
京都の春めぐり

京都
KYOTO

春季遊

柏井壽

涂紋凰 譯

本書為《一個人的京都春季遊》的改版書

目次

推薦序　柏井壽的京都，是一個有人有生活的地方　黃麗群　011

前　言　深深體會這古都的春天　015

第一章　春季的節慶　019

三月——春霞　020
市比賣神社：天之真名井／女兒節的回憶／寶鏡寺與人偶

四月——春日的優雅惆悵　031
春季限定的大學漫遊／漫遊充滿活力的大學／京都大學：隱藏不可思議美食的校園（✽京都大學綜合博物館✽博物館商店 Musep✽工學系8號館的中央食堂．咖啡餐廳 Camphora．校長咖哩✽La Tour：在校園裡享受法國菜✽芝蘭餐廳：以划算價格享用飯店美食）／京都工藝纖維大學：感受藝術氣息（✽柳米來留氏的建築作品✽美術工藝資料館✽食堂ARUSU · Cafeteria ORTUS）／龍谷大學（✽龍谷博物館：認識佛教的世界）

五月——初夏的薰風 051

葵祭／岩倉：實相院的綠之床

第二章　春季京都散步方案 057

洛東——漫步東山深處 059

從「蹴上」往東邊山麓／日向大神宮的眾神／南禪寺：三門絕景／精巧的庭園：小堀遠州之美／法勝寺：京都市動物園殘存的夢幻塔／金戒光明寺的夕陽／真如堂：「頷首阿佛陀如來」與繁花／哲學之道與關雪櫻／為愛妻阿米打造的茶室

洛西——從鷹峯漫步至西邊山麓 088

常照寺／光悅寺／SHOZAN光悅藝術村（✽樓蘭：中華料理午餐✽若雞：用手抓來吃的烤嫩雞肉串）／

權太呂：絹掛之路上的蕎麥麵／原谷苑：獨一無二的櫻花林／仁和寺（✽御室櫻✽御室會館：在世界遺產區住一晚）／龍安寺：蘊含著四大謎團／乾山窯：追尋歷史軌跡／平岡八幡宮：櫻花與山茶花之美

第三章　春季的味覺饗宴

春季才吃得到的京都美食

建仁寺祇園丸山：櫻花諸子魚／晦庵河道屋：春季的雙人火鍋「芳香爐」／WARAKU：必點鐵板燒／衣笠北天神森町：烏龍麵攤／蕪庵：日式宅邸裡的中華料理／辻留、菱岩、三友居：賞花便當御三家（✽辻留：裏千家御用店的賞花便當✽菱岩：有如櫻花灑落的賞花便當✽三友居：獨有風情的竹籠便當）／RISTORANTE ORTO：巷弄中的義大利餐廳／大市：鱉肉火鍋與湯底粥／祇園喜鳥：正統中華料理／四富會館、RIDO 美食街：古都的魔王迷宮／泡沫（うたかた）：京都風格的酒館／KORONA的回憶：充滿春日氣息的雞蛋沙拉三明治／HAFUU（はふう）：炸牛排三明治／喜幸：豆腐與川魚／瓢亭MARU：鱉肉料理／BIYANTO：不能小看的辣味咖哩飯

柏井壽觀點：京都春季美食二三事 169

第四章　漫步近江 179

享樂湖北 185

長濱逍遙遊／大通寺與長濱八幡宮／近江孤篷庵

造訪湖東 197

近江八幡的水鄉巡禮與美食／搭船遊沖島與竹生島

越過逢坂——連結近江和古都的道路 203

前往京都的道路／從大津到山科／與禪丸有淵源的神社／立聞觀音／小關越／KANEYO：享用鰻魚／月心寺：悄然佇立的知名庭園／毘沙門堂的櫻花

第五章　京都櫻花速寫 225

晨曦中的櫻花 227
拂曉前「圓山公園」的垂枝櫻花／平野家本家：芋頭小餅乾

午後的櫻花 234
京都御苑：正午最佳賞櫻地點／御所的蕎麥和菓子／花桃：蕎麥麵的香氣

黃昏的櫻花 241
祉園白川的夜櫻／鴨川的午夜櫻花／接近黃昏時，從鴨川漫步至賀茂川

梅花與櫻花 250
梅宮大社的傳說

櫻花設計──和菓子與小雜貨 254
米滿軒：櫻花麻糬／紫野源水：春季和菓子／Gallery遊形：櫻花色香囊／紙司柿本：傳統唇彩「京紅」

第六章　春季旅宿 263

京都車站的周邊飯店 264
京都新阪急飯店（✽新年的「鯡魚蕎麥麵」✽令人身

心舒暢的和式早餐）／京都格蘭比亞大酒店

眺望美景的京都飯店　273
京都大倉飯店：眺望東山美景（✽能觀賞遠山櫻的房型）／大津王子飯店：欣賞比叡山夕陽／比叡渡假飯店：櫻花與湖畔（✽晚開的夜櫻）

旅宿京都海邊　285
旅宿天橋立：紅酒之宿・千歲

結語　品味京都的四季流轉　292

地圖　294

附錄　本書主要寺廟・商店・住宿資訊　327

地圖製作 ——— デマンド DEMANDO

推薦序

柏井壽的京都，是一個有人有生活的地方

——作家　黃麗群

寫出一個空間並非容易的事，即使是大家已經這麼熟悉的、完全是日本顯學的京都。

空間需要身體的感觸，甚至需要五感之外的、對環境中隱形波動的捕捉或反射，是一件真正需要「體會」的事（這詞用在這兒真是襯身），它不像寫情感或者物質，不像寫人與人的關係，它有一種非普遍性，很難訴諸共同經驗，也相對不容易召喚共鳴，是文字非常難以介入並駕馭的事。比方說不管你怎麼去描述風來時櫻花既如垂淚又如飛昇的景象，不管怎麼去描述河流裡的光，都抵不上站在那裡一秒的領悟；又比方說，大家都知道日本的暖爐桌，但若是不曾真正在冷掉了牙齒的冬天鑽過它，還真的很難明白那整個人像可可粉終於融化在熱水裡的人生圓滿萬事休之感。

說起來雖然流俗了，但我仍相信，在這樣的題材上，只有一種方式真正能讓無關的人看你看過的，碰觸你碰觸過的，聞你聞過的，那方式不是可遇可求地經營文字，而是

敘事者真正有情感，並豐富到流溢蒸散出符號的表面，瀰漫而將人環繞。所以我想柏井壽寫京都的「好看」，並非因為他是土生土長的京都人，也不因為他是「京都達人」，而是因為他真正對這個城市懷抱愛意，且那愛意似乎跟京都人的自豪也無關。並非血統高貴才愛你，並非受歡迎才愛你。

《京都：春季遊》書名很像市面任何一本以京都為主題的旅遊書，內容規劃也的確偏於實用，該在什麼時間去哪裡看櫻花，京都大學裡該買什麼紀念品，該去哪間大學食堂，「只有春天才能在京都吃到」的好東西，同時，巧妙地避開人盡皆知的景點（如金閣寺）。然而柏井壽的性情與記憶像是撒在焦糖上的鹽，在知識性與資訊性中行雲流水，讓甜美的真心一點一點露出來，有時是固執歐吉桑的美學課，例如講為什麼要一個人賞櫻，因為「如果不是意氣相投的人，實在很難互相配合步調」、「為何在所有的花之中，只有櫻花讓人如此騷動？」；有時是幽默寬廣的人生理解，例如「上大學就是一直跟各種非做不可的事情對抗」，因此，不如讓「所有的學習從玩樂開始吧！」（然後就馬上帶你去吃大學食堂了！），當然還有京都「著名」的、雕琢的人情世故，例如，童年柏井壽在同學的女兒節宴會送錯禮物，京都媽媽是用什麼方式表達呢？你快讀，讀了可真是讓人一頭大汗。

當然，如果是從前一本《美食有這麼了不起嗎》認識他的讀者，這本書同樣有那樣的坦誠。他嚴厲地批評了京都某些廚師的個人主義與傲慢，認為他們讓現在的京都「岌岌可危」。或是他認為帶點曖昧感的鱉肉火鍋比次郎壽司更有魅力，「豈是半調子的美食報導人，用一句評論能形容」——說到半調子，柏井壽終於 hold 不住啦，中氣十足地批評著被寵壞的餐廳，指摘「浮現蔑視客人表情」的料理人。

然而這樣說完，話題一轉，又與你談起住宿的心法。哪家飯店好，飯店的點數怎麼用最有效率，「雖然感覺是很小氣的話題。」柏井壽這樣說，然而這正是我們所喜愛的柏井壽，有一說一，矜持規矩中有他的直率明朗，而他對京都的愛意，既表現在衷心的讚嘆裡，也表現在不護短的批評裡，這愛意的正面與反面也讓指南類的寫作格式有了光影翩翩的情致。

因為常覺得京都本身及其派生而出的敘事，都難免有一種表演性，像個巨大的觀光主題樂園，所以我雖然完全談不上討厭京都，但也不算是「京都派」；倒是讀了柏井壽的京都，才忽然體會到它也是一個有人有生活的地方，有萬人仰望的煙火，也有家常的炊烟，這樣的京都，像卸妝瞬間抬起頭對你一笑的藝伎，更讓人憐愛，衷心喜歡。

前言

深深體會這古都的春天

春夏秋冬。四季更迭，風景隨之變化的京都。在撰寫介紹各個季節不同的可看之處、漫步地點與美食的新書之後，睽違將近四年才重新編纂本書。

擁有一千兩百年以上歷史的古都——京都，既有漫長歲月中未曾改變的部分，也有轉瞬即變的樣貌，其結果造就了現在的京都。

季節為春季。梅花、桃花、櫻花，終於跨越寒冷徹骨的冬季。它們一一綻放，讓色調單一的京都，染上一層柔和色彩。

泉水溫潤，山色豔豔。從芽苗初生，花蕾含苞待放，直到最後終於遍地開花。京都人用溫柔的眼光守護這段過程。在繁花之中，春日古都最不可或缺的，還是櫻花。

本書對櫻花的描述也佔了大量篇幅，不過，就算是在非櫻花季節造訪京都，也完全不需要感到失望。就算櫻花落盡，櫻花樹也能以「葉櫻」的姿態，帶來美麗的景色。沁入眼簾的綠葉，在花落之後更加豔麗。這段時節不落入喧囂，令人欣喜。若要靜心品味古都風情，櫻花落盡後才最合適。

從粉色到黃色，春天花季以紫色收尾。上賀茂「大田神社」的燕子花；應仁之亂的發源地「上御靈神社」的鳶尾花；還有綻放在一般民宅庭院中的蝴蝶花。不僅如此，「平安神宮」的花菖蒲、「平等院」的紫藤花，洛北地區「詩仙堂」也有小巧可愛的紫野菊。

紫色是皇家的顏色，與古都的春天十分相襯。

花朵的顏色從粉色到黃色，最後轉成紫色，連接著代表初夏來臨的葵祭典。京都的春天，是連結冬季尾聲與夏季初始的橋樑。我們也可以這樣解讀：冬季嚴寒，夏季酷熱，而春天總像籠罩在一層朦朧而廣闊的空氣之中。然而，那朦朧不清的樣子，正是京都的春日面貌。而且，一整年都和展現京都姿態的形容詞──「優雅惆悵」緊密連結。

據說這個詞彙是從「花團錦簇」衍生出來的，字典上的解釋為優雅、鮮明而華麗的意思，但從京都人的角度來看，我認為應該有更深層的意涵。

優雅、鮮明、華麗。除此之外，應該要再加上某種惆悵。也可以說是蘊含著憂鬱。

鮮明華麗，而且帶著一點惆悵。

春日優雅惆悵。花朵盛開、陽光和煦，萬物明亮而華美，然而，其中卻蘊含著些許惆悵。那一定是古都歷經多次榮枯興衰之後培養出來的習性吧！

我已經知曉，在遙遠的彼方春天會如何落幕，即便如此，我仍然要大力歌頌眼下的春日。盼望各位能夠深深體會這古都的春天。

誠摯歡迎各位造訪春季的京都。

第一章
春季的節慶

三月——春霞

春日拂曉。正如清少納言所述，京都春季最美的時候莫過於拂曉時分。

三月已經過了一半，陽光終於變得柔和，青山的輪廓也漸漸鮮明起來。此時的京都，宛如從睡眠中甦醒一般，熙來攘往的人群漸增，最後引來賞花的觀光客。三月是從隆冬到春季的過渡期。女兒節，開啟了春季的序幕。

市比賣神社：天之真名井

京都為水之都。沒有水，就沒有京都料理、京都蔬菜、京都豆腐等名產。正因為好水，才讓京都有京都的樣子。我不厭其煩地多次重複這件事，是因為我在京都生活，每天都有很多細節讓我體會水有多重要。

除了從東山、西山、北山等三方山脈流淌而下的水以外，還有從京都盆地的巨大地下水甕湧出的泉水。「天之真名井」就是其中之一。從河原町五条往南走，在小巧的**市比賣神社**（地圖L）境內，湧出的汩汩泉水名列「京都三名水」之一。古代每逢皇族誕生皇子、皇女之際，就會以此水為產湯[1]，是歷史悠久的湧泉。含在口中如甘露，滋味妙不可言。

這座神社也以守護女性聞名，可祈求安產等願望，吸引許多女性前往參拜。所以我推薦女兒節的時候，不妨造訪此處。

市比賣神社甫開春就人聲鼎沸。節分[2]前的某個星期日，該神社會舉辦「女子驅邪祭」。神社境內聚集眾多祈求接下來一整年平安無事與幸福、穿著豔麗和服的女性。雖然祭典的歷史不長，但參加人數持續逐年攀升。男性用相

市比賣神社的天之真名井

機鏡頭捕捉女性穿著和服的姿態，還可以順便來驅驅邪呢！

除此之外，還有一個頗具趣味的活動——灑豆祭。正值犯太歲年齡的女性，會從「五条大橋」上灑豆子驅邪。

女性犯太歲的年齡，一般而言是在十九歲、三十三歲和三十七歲。穿著和服的年輕女性排排站在橋上，對著河川灑豆子的風景，真是別有一番韻味。

如果您也想驅邪，務必到此一遊。不僅限春季，一年到頭都能讓您逢凶化吉。

女兒節的回憶

代表草木繁茂的彌生三月。不必我多言，大家也知道三月是由女兒節揭開序幕。

話雖如此，但我不禁感到內心一陣騷動。女兒節，究竟消失到哪裡去了呢？

就像《海螺小姐》的劇情一樣，我小時候曾經受邀參加同學的「女兒節」慶祝會。

在同年級的女生家，舉辦女兒節的宴會。通常只會邀請親近的朋友參加。尤其男孩子更是萬中選一。到底會不會受邀參加宴會，就變成當時小孩子一年一度的煩惱了。那應該就像是現代情人節一樣的活動吧！

若真的接到邀請，後面還有其他需要煩惱的事，那就是禮物。帶著禮物參加宴會算是一般常識，最安全的禮品就是人偶造型的和菓子。如果想要更有面子一點，可以選擇有包餡的「引千切」麻糬和菓子。這可是與皇宮祭典有淵源的和菓子。對小學生來說，稍嫌負擔沉重。因此，大多都會選擇白色、綠色、粉色組成的三色餅乾「雛霰」、或者切成菱形的三色麻糬「菱餅」等可以裝在竹籃裡的乾式和菓子。

然而，我這個愛裝大人的小學生，不喜歡太老套，所以沒和母親商量就擅自選擇當時很受歡迎的「不二家」造型蛋糕，還得意洋洋地帶去參加宴會。

至今我都記得那是有七層裝飾的人偶檯。參加宴會的成員有六名女孩、以及包含我在內共三名男孩。我們坐在人偶檯前，先致贈禮品給主人家。我想大家應該都是遵照雙親的指示吧！說一些慶祝女兒節的吉祥話、以及感謝對方招待的致謝詞，然後致贈老套的和菓子。

我從以前到現在都很不擅長這種禮貌性的儀式，也不知道我當時究竟在想什麼。

「女兒節快樂！」

還記得我邊開玩笑邊把剛剛說的造型蛋糕遞出去。當時的我應該覺得很不好意思吧！雖然我自己也不是不知道氣氛一瞬間變得有點尷尬，但是之後我也完全沒受影響，一直堅持走「現代女兒節」的路線。

接著，主人家的母親端來散壽司、文蛤清湯、燉蜆湯等女兒節的節慶料理。

「說到女兒節，就是要吃這種料理對吧！不知道合不合你們的胃口，多吃一點啊！」

說完，同學的母親就開始把料理分成每人一份。

「對了，謝謝你的禮物。回家之後幫我謝謝你的父母喔！」

同學的母親在我面前這麼說。

「柏井同學家裡還真是洋派啊！禮物是媽媽選的嗎？」

同學的母親把散壽司盛在塗著紅漆的碗裡，然後遞給我。

「不，是我自己選的。現在很流行喔！」

「說得也是。不可能是媽媽選的啊！真不愧是柏井同學。」

同學的母親移動到隔壁位置。

當時，我做了這些蠢事。我自己覺得引以為傲，在宴會這段期間，心情一直都很好。

「回家要告訴媽媽喔！說你帶著這個蛋糕去，阿姨大力稱讚你呢！」

我迫不及待想跟媽媽邀功。邊走邊用力揮動裝著回禮的五色豆紙袋，一回到家，我連脫鞋都嫌麻煩，急著找媽媽。

「你回來啦！怎麼看起來那麼高興啊！遇到什麼好事了嗎？」

媽媽出去工作不在家，出來迎接我的是穿著日式圍裙的祖母。

我很興奮地把當天引以為傲的事情說給祖母聽。

「你這個呆子。人家的媽媽才不是在稱讚你。她是在告誡你啊！女兒節有適合女兒節的和菓子。結果你竟然送人家西洋糕點！那位阿姨肯定氣得火冒三丈！」

祖母不只是嘴上說而已，其實她還邊用圍裙的袖子擦起額頭上的汗珠。

我想那應該是我第一次發現京都人的說話方式有多恐怖。表面上是稱讚，但其實是在告誡對方。

之後，祖母對我諄諄告誡，最後還說了這樣一句話：

「你啊！給我聽好了。不用去想一些奇奇怪怪的花招。老套最好！如果想改變什麼，變一點點就好。如果只是改變一點點就沒關係。但是，女兒節就是不能送『不二家』的蛋糕！」

身為一個小孩，我記得當時一方面體認到原來京都人竟是這麼拐彎抹角的種族，一方面感到又羞又怒。不過，後來仔細想想，那也是某種溫柔和體貼吧！

不讓當事人在眾人面前出糗，但是又讓人留下深刻印象，使對方銘記在心。當時還是小學生的我，深深感到原來這就是居住在京都的人，內心的本性。

之所以寫了長長一段的回憶，是因為如此一來，身為一名旅人，和京都人相處時馬上就能了解他們的話中有話。

比如最常碰到的類似場景，其中有幾次都發生在日本料理店。

我坐在日本料理的吧檯前用餐時，老闆注意到鄰座的客人手上戴著戒指，還對那位客人稱讚了一番。

「真是豪華的鑽戒啊！有這麼大顆的鑽石。一定很貴吧！」

「沒什麼啦！是結婚紀念日的時候，老公送的禮物。」

被稱讚的女客人，一副很高興的樣子。

「感覺牽個手都會受傷呢！這種東西不太適合我太太。」

老闆瞬間閃過一個銳利的眼神。

雖然不用像參加茶會那麼神經緊繃，但是吃日本料理時，還是摘下戒指和體積大的手錶比較好。西洋料理從頭到尾不需拿起碗盤，但日本料理幾乎都是用手捧著碗用餐。做工細緻的漆器碗、薄透的瓷器、質地柔軟的陶土製品等易碎物品，都是日本料理常用的餐具。

就算深怕客人刮傷碗盤，仍然婉轉的表達，不經意地提醒對方。一樣在關西地區，大阪就不會有這種事。

「因為餐具會受損，能不能請您把戒指拿下來？」

單刀直入、有話直說，即便如此也不會得罪人，那是大阪人的特色。

京都人的特色就是拐彎抹角。這一點，已經和女兒節的蛋糕一起深深印刻在我腦海裡了。

寶鏡寺與人偶

前言寫得太長了。那麼，就進入正題「寶鏡寺」吧！（地圖C）。寶鏡寺是鄰近表千家和裏千家兩大茶道流派本家的皇族寺院。

平常不開放，只在每年春季和秋季各開放一個月。春季從三月一日左右開放至四月三日左右。令人遺憾的是，除了這段短暫的時間以外，一般大眾無法窺見石垣中的景色。

室町時代慶安年間（1368-1374），光嚴天皇之皇女出家為尼，創建寶鏡寺，其後也有許多皇女擔任歷代住持。因此，也有「百百御所」之稱。京都人都知道寶鏡寺還有「人偶寺」這個別名，春秋季開放時也會舉辦「人偶展」。

寶鏡寺收藏具有皇家淵源的人偶，包含孝明天皇珍愛的人偶，這段時間可以看到實物大小的優雅人偶一字排開。那可是非常風雅的景致。

我雖然和人偶幾乎無緣，但因為某件事，讓我在年幼時得以破例參觀寶鏡寺。

當時，寶鏡寺開始供養人偶，也因此打造了「人偶塚」做為象徵。我還記得那是我剛上小學沒多久的時候。浮雕著可愛御所人偶的石碑，底座上銘刻武者小路實篤[3]的和歌。那時我的祖父出於興趣，擔任類似武者小路私人秘書的工作，他來京都時，祖父隨侍在側照顧他的生活起居。可能是因為這段緣分吧！我和祖父母一起造訪這座寺院的記憶至今仍十分鮮明。畢竟對小孩子而言，充滿真實感的人偶，與其說可愛還不如說令人感到恐懼，我到現在都還記得，看到人偶微笑的表情反而讓我全身發顫。

書院、本堂、阿彌陀堂等建築，都是從寬政到文政時期（1460-1466）重建後才留到現在。皇女和宮曾經在「鶴龜之庭」玩耍過。說到鶴龜之庭，就不能不提小堀遠州[4]。這裡是否也能看到他昔日的身影呢？

除了春秋兩季之外的季節，不對外開放的時期當中，如果無論如何都想參觀寺院，還有「供養人偶」這個方法。幾乎每天早上十點到下午三點，都可以帶著人偶去寺院供養，如果沒有帶人偶，也可以直接供養。此時，就可以趁供養的機會稍微參觀一下寺院。這是一個小技巧，不過我記得需要繳交三千日圓的供養費用。

女兒節時，茶道本家林立的小川通區，穿著和服年輕貌美的女性，讓春季熱鬧非凡。

四月——春日的優雅惆悵

彰顯京都氛圍的代表性詞彙就是「優雅惆悵」。

就像「真是優雅的服裝啊！」之類的語句，這個詞彙通常用在形容和服等衣物優雅華麗的樣子，但是意指京都整體氛圍的情形也不在少數。

「優雅惆悵」這個詞據說源於「花團錦簇」，而這裡的花當然是指櫻花了。

代表草木繁茂的彌生三月即將進入尾聲時，差不多就會開始聽到櫻花綻放的消息，一傳出卯月的消息，京都整個城鎮就會充滿優雅惆悵的華麗氛圍。

京都賞櫻與江戶略有不同風味。相較於江戶飲酒作詩，京都則是在散步的途中，靜靜賞花。若想悠哉賞花，最好避開人潮眾多的白天時段。要實現這個願望，最好在大清早或深夜賞花。

花是有生命的。在充滿生命力的清晨，清冷的空氣中，展現朝氣蓬勃的顏色；或者在深夜，去除多餘背景夜色中，浮現妖豔的姿態。

清晨與深夜之間，是享受茶飲、和菓子、便當以及物色名產的時間，這才是體驗春季京都的正確方式。

春季的京都之旅，一定有很多人都是衝著櫻花而來。所以我另外寫了一章，把關於櫻花的內容都歸納在同一章裡。而且把櫻花的散步路線也獨立成章。希望各位能夠盡情享受京都的櫻花之美。

春季限定的大學漫遊

四月，是新生入學的季節。櫻花盛開。雖然已經不能把學長姐拋到半空中，但在櫻花盛開的季節，還是要到學校走一遭。

京都是學生的城鎮、大學學區。享受京都旅行的方法之一，我想大膽提出暢遊大學的提案。

對學生時代的我而言，大學是出於必要而被迫去的地方。如果可以偷懶的話，還真不想去。好想翹課。然而，不去又不行。必須去上課、必須拿到學分、必須參加考試、必須升級等等。上大學就是必須一直和「非做不可」的事情對抗。

若能掙脫「非做不可」的詛咒再踏進校園，那麼其喜悅簡直是無可取代。

在學校裡當然能夠滿足知識上的好奇心，除此之外，連空虛的胃都能得到滿足。

一般而言，會走在大學校園內的通常是學生和教師。當然，熟齡人士通常都會被判定為教師，而不是學生。

「那個人是哪個系上的教授啊？」

我多希望年輕的女大學生在背後用羨慕的眼神看著我。但說不定實際上她們是在說：「好可疑的人。是不是通報警衛比較好啊？」

不過，各位大可不必這麼神經質，現在校園都已經對外開放。尤其是老人家特別顯眼，說不定對方是位榮譽教授。不過就算是穿著休閒服的老人，坐在草皮上的長椅，大啃紅豆麵包，也不會有人去責怪他啊！

而且，春天正好是新生入學的季節。在這個季節裡，就算有點怪，也不會太引人注目。

暢遊大學唯一的障礙，就是漫無目的的閒晃感。一般走在校園裡的人，都會散開來各自前往目的地。無論是教師或學生都一樣。絕對不會走來走去、晃來晃去。然而，只有這個季節不一樣。新生或者剛報到的教師、行政人員，都一樣懵懂無知。大家都在校園裡走來走去、晃來晃去，也有人會拉長脖子窺探走廊盡頭。

這時候，如果有很多同伴就會很安心。堂堂正正地問人餐廳在哪裡也無所謂。

「不好意思。因為我是新生，所以還不知道餐廳在哪裡。」

或許，怯生生的女大學生會一臉困惑。

「那我們一起找吧！」

最後，說不定會和女學生一起漫步在校園裡的草地上呢！

那麼，我們就開始春季限定的大學漫遊吧！

漫遊充滿活力的大學

漫遊大學。這個標題感覺好像會被大肆批評。

「漫遊大學？別說這種蠢話！大學是要給學生讀書的，不是供人玩樂的地方！」

總感覺老人家會氣得七竅生煙啊！

然而，所有的學習都是從玩樂開始。所以，我們就堂堂正正地穿越校門吧！

隨著少子化與高齡化急遽加速，現在的大學樣貌已經改變不少。儼然脫離單純為學生而設的教育機構，變成對大眾開放的園地。除了像文化中心那樣舉辦對外公開的講座之外，學生餐廳也轉變為一般餐廳，藉由招攬一般客人提高使用率。

除此之外，活用該大學的特色創建博物館，亦可聚集人潮。配合日益減少的學生人數，藉由一般民眾湧入，試著讓校園恢復活力。暢遊大學，就能一飽眼福、口福。

春天，是學習的季節。就讓我們到大學去吧！

第一個造訪的目標就是名校「京都大學」。嚴格來說，應該是在校園之外，不過這是最適合暢遊大學入門篇的地點。首先，就從這裡開始沾染一些大學的氛圍。

京都大學：隱藏著不可思議美食的校園

京都大學綜合博物館

位於東大路通與今出川交會口以南。應該說在「百萬遍」[5]十字路口以南，京都人會比較容易懂。建在京大校園一隅的「京都大學綜合博物館」（地圖F）收藏兩百六十萬件資料，是京都首屈一指的博物館。當然，就算不是學生，也可以參觀使用。

購票系統和在車站買車票一樣，通過像

京都大學綜合博物館

自動驗票機一樣的入口之後，會看到挑高而寬廣的空間，令人震撼。館內的常設展分為自然史、文化史、技術史三部分，我覺得最有趣的果然還是自然史。

「蘭卑爾山的森林」可以說是該博物館最受矚目的展示，熱帶雨林展館裡巨大的樹木就像真的一樣，魄力十足。尺寸比想像中的還大。納瑪象、亞洲象的骨骼標本，具有難以言喻的幽默感。標本釘林立的昆蟲標本區，讓我回想起小時候採集昆蟲的往事。這裡與其說是博物館，不如說是主題公園還比較貼切。總之，令人興奮不已。

✽ 博物館商店 Musep ✽

說到博物館，往往會讓人馬上浮現到處都是老套說明立牌的印象，相信只要來這裡走一遭，就能立刻改變這種想法。

最出色的是博物館商店「Musep」。這裡匯集可以拿來當作京都名產的新穎商品，而且種類繁多。

我最推薦「京大瓦片煎餅」。煎餅上烙著京大的楠木標誌。懷舊的瓦片煎餅，只要七五六日圓，是令人意外的京都名產。

如果是要自己用的話，我毫不猶豫會買銀製胸針「豆娘」。當然，買來送禮也很合適。眼珠的地方鑲嵌石榴石或孔雀石，細緻的設計和精密的手工都令人欣喜無比。價格為一三六五〇日圓，和其他產品相比價格稍高，不過款式只有這裡才買的到，是值得珍藏的紀念品。

除此之外，還有加入熱水就會變色的「恐龍馬克杯」六六一日圓、印有博物館標誌的「零錢包」五五〇日圓，這種經濟實惠的商品也不少。因為很少人知道，京都迷應該會很喜歡才對。

除了必須特別注意每週一、週二為休館日之外，我認為付這四百日圓的入館費很值得。而且，這裡也是最適合暢遊大學入門篇的博物館。

✻工學系8號館的中央食堂／咖啡餐廳 Camphora／校長咖哩✻

讀書之後總會肚子餓。那麼就到學生餐廳去吧！學生餐廳有幾個選擇。

若要徹底走正宗路線，就選擇「中央食堂」（地圖F⑫）。位於「鐘樓紀念館」東北方，「工學系8號館」地下樓層的寬廣餐廳。如果要形容的話，我覺得這裡就像購物中心正中間的美食區一樣。有沙拉吧和飲料區、配菜或丼飯等，採用自行取餐的方式。如果想和京大學生一起吵吵鬧鬧的話，我推薦在這裡用餐。

如果不想做到這個地步的話，我推薦去正門旁的咖啡餐廳「**Camphora**」（地圖F⑭）。

這間漂亮的餐廳，會令大家不禁感嘆：「原來現在的大學餐廳都已經變成這樣了！」

平日的營業時間是早上九點到晚上十點。有啤酒、紅酒和雞尾酒可以點，而且價格還很便宜，實在沒有理由不去吃吃看啊！

特製午餐有湯和義大利麵、主餐可選肉類或魚，還附上麵包和沙拉，只要六五〇日圓就能享用，真是令人感動。就

Camphora

算再加上一杯紅酒，也不會超過一千日圓。連晚餐都只要六五〇日圓，比去吃做得很差的京都料理好多了。來過京都的人，請務必把這間店放入口袋名單。

除了這間餐廳以外，還有京大名產「校長咖哩」，這道菜是由歷代校長想出來的美味牛肉咖哩。還有販售即食包，現在也變成很新穎的京都名產了。

✽ La Tour：在校園裡享受法國菜 ✽

說到現代的學生餐廳，剛剛提到的還不足為奇。這次要介紹「鐘樓紀念館」裡的法國餐廳「La Tour」（地圖F⑬）。午餐價格為一六二〇日圓，比剛剛的咖啡餐廳稍微貴一點，但與市中心的餐廳相比，真的是物超所值。晚餐時段偶爾還會有京大交響樂團現場演奏，從這裡就能知道店裡的氛圍了吧！菜單上連小羔羊和舌鰨魚都有。

這裡也有無菜單料理，晚餐的套餐價格為二七〇〇日圓以上不等。如果想品嚐京都風格的法國菜，我希望大家可以先體驗看看這家店的氛圍。雖然不是什麼絕品美味，但考量情境是在京大之中，可以把這間餐廳視為一種曲球或變化球的路線。紅酒的酒單、性價比都很好，還能享用餐前酒的酒吧。可以說早就超越暢遊大學的範圍了。

想起印象中充滿汗臭味和霉味的大學學生餐廳，相較之下真是恍如隔世。在十幾年前，誰也想不到學生餐廳能做到這個地步吧！能稍微打扮一下，然後在校園裡享用法國菜，簡直就像做夢一樣啊！

La Tour

✻芝蘭餐廳：以划算價格享用飯店美食✻

京大還有好幾個對外開放的餐廳。如果是校園外的話，可以去「芝蘭餐廳」（地圖F⑮）。

東大路通和東一条通交會的十字路口，有一條往西南方向延伸的小路。沿著這條名為舊白川通的道路一直走，就會看到右手邊的「芝蘭會館別館」。這裡有一家非常漂亮的餐廳。

午餐價格一六二〇日圓起，不過我個人推薦三二四〇日圓的龍蝦特製午餐。有前菜、濃湯的龍蝦料理，充滿了春天的氣息。由「BRIGHTON KYOTO HOTEL」負責提供料理，因此味道十分出色。若是在飯店享用價格應該會超過五千日圓，不過，這裡可是京大的餐廳。用划算的價格就能享用飯店美食。

桌上整齊的鋪著桌巾，氣氛和飯店一模一樣。

除此之外，晚餐也很棒。最貴的套餐也只要六四八〇日圓，價格真的非常便宜。

如果不要過度追求「京都」品牌的附加價值，京都其實還有很多真材實料的美味餐廳。話雖如此，這些店裡仍然充滿「京都」氛圍，端看旅人能不能從中感受到了。暢遊大學時選擇餐廳的方式，也是一種考驗旅人能否感受京都氛圍的試金石。

京都工藝纖維大學：感受藝術氣息

和京都大學相比，這所學校在日本國內的知名度低很多，但其內涵卻毫不遜於京都大學。尤其是建築與藝術領域，在日本可是首屈一指的程度，這所大學就是京都工藝纖維大學（地圖B）。

地點位於洛北松崎。校區可以近距離眺望為夏天畫上句點的五山送火[6]儀式中，「妙」和「法」兩個字。最方便抵達的交通方式就是前往地下鐵烏丸線的「松崎」車站。從「京都」車站出發，乘車時間大約為十六分鐘。從車站的一號出口沿北山通往東前進，大約步行七、八分鐘就可以抵達中央校門。

這所大學最值得一遊，不，最值得一看的地方有兩處。首先是學校的建築。我在介紹這所大學知名建築的新聞報導中，第一次看到「professor・architect」，意思好像是「從事建築設計的教育家」。而這所大學裡的「professor・architect」人數，據說名列日本第一。

柳米來留氏的建築作品

京都城鎮中保留著以寺廟神社為主的眾多歷史建築，但除此之外，還有許多明治時期（1868-1912）以後的近代建築也很值得一看。

譬如，柳米來留氏[7]建造的西洋館舍。或者昭和初期的實驗性住宅「**聽竹居**」（地圖N）。這些都是之後為日本建築帶來許多影響的名作。「聽竹居」位於京都市區外的大山崎地區，而且參觀必須事前預約，無法隨心所欲地欣賞，不過，柳米來留氏的建築散見於京都市內，參觀這些建築相較之下比較容易。大多都是學校、教會、商業建築。

在東京的話，代表性建築為「山上飯店」。而在京都廣人知的則有**同志社大學安默斯特館**（地圖C）、**東華菜館總店**（地圖F）、**大丸 Villa**（地圖G）、**駒井家住宅**（地圖A）等建築。在京都，隨處可見柳米來留氏的作品。不過，對我來說，還有一棟離我更近的柳米來留氏建築。

我現在的住家兼工作室，位於北區的賀茂川附近。我八歲就搬到現在的家裡，也就是說，我已經住在這裡超過五十年了。我家在烏丸通和今宮通交會的東南角，對面的西南角有一個正式名稱為「日本福音路德教派賀茂川教會」的教堂（地圖C）。在我五十年前剛搬到這裡的時候，就已經是當地的地標了。

當時，只要說：「烏丸通北邊的盡頭，教會前面。」大家都會知道我家在哪裡。

小時候我會在教會的空地上玩棒球，向牧師學英文會話，偶爾參加星期天的禮拜，我可以說幾乎是在教會長大的孩子。現在只要我人在京都，也是每天看著教會過日子。我看了幾千遍、幾萬遍的教會，出自柳米來留氏之手，我是最近才知道的。因為，教會的公佈欄上不經意地寫著：

「本教堂由柳米來留氏設計，歷史十分悠久。」

同志社大學安默斯特館

駒井家住宅

這是令人雀躍而且歡欣的驚喜。原來，我之所以對柳米來留氏的設計一直這麼敏銳，是因為這個啊！

柳米來留氏的建築，內部大多都很陰暗。這是因為他擷取外部光線的方式很特別。小學三年級的時候，我幾乎每天都會去這個教會的禮拜堂，從塔高三樓的地方眺望京都街道，怎麼看都看不膩。

✽美術工藝資料館✽

言歸正傳。

走在京都街頭，眼光總是會放在寺廟神社等和風建築上，然而，很早就吸取文明開化的京都，也有不少值得一見的西洋建築。詳盡地教導我這件事情的就是京都工藝纖維大學。京都人暱稱它為「工纖」。到此地一定要造訪**美術工藝資料館**（地圖B）。

這是一個優秀到放在大學裡簡直暴殄天物的博物館。該校的前身「京都高等工藝學校」創立於明治三十五年（1902），博物館繼承高等工藝學校的收藏品，並且持續擴充館藏。這所學校創立時，集結畫家淺井忠[8]、建築師武田五一[9]等出類拔萃的教授群，目標是以歐洲為典範，讓學生學習真正的設計。

超越四萬件的館藏無人能出其右，在定期舉辦的展覽中，能夠窺見少量部分館藏。過去曾經以〈近代日本的視覺設計〉為題，展出大正、昭和時代的海報。除此之外，數年前的秋季也有〈淺井忠精選的法國陶瓷展〉這樣特殊的主題展。在大型美術館難以實現、充滿特色的展覽，每次都令人十分享受。

除了週日與國定假日休館之外，其他日子只要付二百日圓的超低價入館費用，就能參觀充滿創意的展覽。真是令人愉悅的大學遊啊！

美術工藝資料館

✽食堂 ARUSU／Cafeteria ORTUS✽

順帶一提，如果打算在這所大學吃午餐，可以選擇「食堂 ARUSU」（地圖 B ③）或者「Cafeteria ORTUS」（地圖 B ②）。和京大一樣，提供比一般餐廳便宜的餐點，而且內容有別於以往的學生餐廳，品項十分豐富。

這些餐廳、咖啡館分別位於「大學會館」、「小木屋」等建築中，對喜愛建築的人而言，都是令人毫無招架之力的摩登建築，光看就令人欣喜萬分。而且，校園周邊的松崎地區也是賞櫻勝地。從賀茂川堤防經過植物園，來到這所大學之後，再前往寶之池。櫻花加上藝術，真是春季特有的京都風情啊！

食堂 ARUSU

Cafeteria ORTUS

龍谷大學

✽龍谷博物館：認識佛教的世界✽

平成二十三年（2011）四月開幕的龍谷博物館（地圖L），正如其名，是龍谷大學為佛教相關展覽而建設的建築，再加上位於東西本願寺之間交通十分便利，因此非常受歡迎。

用「佛教潮流」這個詞可能有點失禮。不過，最近出現被稱為佛像女孩的女性，也有大批佛女（發音好像是BUTSUZYO）會前往寺院，出現這些現象的話，稱為潮流應該也不為過吧！

京都的大學中，有很多佛教體系的學校。而且校名通常都直接冠上「佛教大學」。或者像「大谷大學」、「花園大學」、「京都光華女子大學」也都是佛教體系的大學。位於京都南方的「龍谷大學」當然也是受佛陀教誨的大學之一。

雖然我是寫「位於京都南方」，不過那是指「深草校區」的意思，該校現在總共有五個校區，如果想要暢遊大學，可以前往與「西本願寺」相鄰的「大宮校區」（地圖L）。

寬永十六年（1639），自西本願寺的學寮[10]形式開始，至今已經有超過三百七十年的淵遠歷史。因為是以親鸞聖人開闢的淨土真宗教義為基礎的大學，理所當然博物館的展覽也都是和佛教相關。

常設展主題是〈從印度到日本〉，淺顯易懂的展示，告訴民眾亞洲佛教與日本佛教間的差異。除此之外也有特展，像是〈聖護院——皇族寺院的寶藏〉等平常難以參觀的稀有展覽，建議各位務必一遊。

龍谷博物館

另外，面對堀川通的「咖啡．博物館專賣店」，就算沒有進入博物館也可以使用，非常方便。咖啡店有提供「龍谷綜合咖啡」與蛋糕類的餐點，博物館專賣店則有許多這裡才買得到的原創商品。我也很推薦這些別有一番風味的京都名產。

五月——初夏的薰風

「自平安王朝起，在京都，論山就非比叡山莫屬，論慶典就不能不提加茂的慶典。」誠如川端康成在名著《古都》中所述，慶典以加茂祭為最，加茂祭也就是指葵祭。京都三大祭典指葵祭、祇園祭、時代祭等三個祭典，其中只有祇園祭不稱「祭」而被暱稱為「祇園桑」；時代祭則是僅有百年歷史的創新慶典。因此，在京都，說到慶典就是指五月十五日重現平安繪卷圖的葵祭了。

此時，初綻枝芽的新綠還很美，甚至和秋天的紅楓齊名，京都人稱為「青楓」，是能夠盡情享受綠意的時節。論山，非比叡山莫屬。從賀茂川堤防可眺望比叡山的稜線。鮮嫩的綠意，景色令人愉悅。

葵祭

與長達一個月的祇園祭相同，葵祭也不是只有五月十五日這一天的祭禮而已。首先，從挑選祭典的英雄人物齋王代[11]開始，葵祭就已經拉開序幕。

「今年是由哪家的小姐來擔任齋王呢？」

「嗯，哪家的小姐啊？我只知道絕對不是我女兒就是了。」

「那不用你說我也知道啊！」

春意更濃之後，京都人之間就會有這樣的對話。

和祇園祭的稚兒一樣，葵祭的齋王代也扮演很重要的角色。絕對不可能讓尋常人家的孩子擔任。必須滿足家世、財力、容貌、體力等各種條件才行。再加上舉止也要很優雅，因此，精於茶道也是必備條件之一。若是平常就有在茶道宗家學習的話，就更加分了。

岩倉：實相院的綠之床

位於京都北部岩倉地區的「實相院」（地圖M），本來就是知名的皇族寺院，不過，近年來則是因為鋪有木地板的房間可映照出楓紅，人稱「楓紅之床」[12]的景色而遠近馳名。然而，因為太過出名，每到楓紅季節就會擠滿人潮。我覺得放鬆欣賞木地板的景色，還是新綠時節最好。所以我擅自取名為「綠之床」。不過，連這也漸漸為人所知，很多人都會蹲在地板上。這反而又變成新的煩惱了。

難能可貴的美景，一個人獨佔總覺得不好意思。所以包含我在內，撰寫京都風景的人多多少少都會介紹一些鮮為人知的景點。以前都是只有讀過某本書或者雜誌的人才知道，然後前去探訪，然而，現在透過網路的威力，消息很快就會傳開來。

當今網路的影響力驚人，已經不是以前的都市傳說可以比擬，話題似乎總是以壓倒性的速度傳播出去。在京都北部的鄉下古寺，有一棵櫻花樹。那是非常美的山櫻，但除了當地人以外幾乎沒有人知曉。然而，在某個部落格出現附照片的介紹文後，隔天馬上就湧入大批參觀人潮。因為意外的人潮，讓當地人覺得很奇怪，以為是有什麼名人來到現場。

連鄉下的古寺都發生這種事了，廣為人知的實相院也就更人潮洶湧。前來欣賞綠之床的人潮，也已經和楓紅之床一樣不相上下了。雖然這種情況讓我左右為難，不過，這裡的景色還真是堪稱天下第一。有別於映在水面上的光澤，這「綠之床」的真面目，我想應該是來自人手每天精心打磨的結果吧！

雖然是很天經地義的事情，但我不得不說，這地板可不是為了映照楓紅或綠葉而存在。皇族寺院經常有這樣的景色，那是為了保持潔淨，所以才每天擦拭、打磨地板。結果碰巧打造出這樣的風景，如果決定探訪這間寺院，請記得其緣由。「用抹布擦地板」已經慢慢變成死語的現代社會中，這裡和掃地機器人的世界相隔甚遠，卻令人重新審視打掃的重要，也更彰顯「綠之床」的美。

這只是一個小小的例子。不只是寺院，造訪京都時，如果遇見美麗的景色，請先想像背後整理保養的辛苦。日本庭園就不用說了，就連臨時在路上停下來欣賞的庭院櫻花，也一定蘊含了人們的悉心照料。

所有京都的美學原點都在這裡。藉由京都人、京都人的手，才能造就京都。京都的萬事萬物，都會讓人這麼想。正因為我生於京都、長年居住在京都，所以我更加了解。不只是庭院，整個京都全都一樣。許許多多的人，經過長時間熟成才有現在京都的美感、尊貴。然而，這些努力並不會被任何人看到，更不會得到讚美。

驕兵必敗。我很想把這句話，送給現在很多的京都人。那些以傲慢的態度描述料理，講得好像是自己一人獨力打造出現今京都料理的廚師。還有把這些人捧上天，把他們稱讚到天花亂墜的美食評論家。無論是哪一邊的人，我都感覺不到他們對過去或者在背後持續努力的人，付出應有的尊重。只把眼光放於「現在」的「表象」，讓現在的京都變得岌岌可危。

為何人們會被這座寺院的「綠之床」吸引？若理解背後的原因，這將會成為了解京都萬事萬物原點的開端。

1 初生嬰兒的洗澡水。

2 立春、立夏、立秋、立冬前一日為節分，尤其立春前一日有灑豆子驅邪的習俗。

3 武者小路實篤，一八八五—一九七六，詩人、劇作家，白樺派代表作家之一。

4 小堀遠州，一五七九—一六四七，德川三代將軍家光的茶道師範。

5 百萬遍是名剎知恩院的暱稱，非正式地名。相傳在一三三一年發生流行病，知恩寺的善阿空圓上人唱頌百萬次佛經才讓眾生得救。

6 每年八月十六日舉行的篝火儀式。以五座山上的文字篝火，將死者的亡靈送到彼岸。

7 William Merrell Vories，一八八〇—一九六四，美國人，在日本留下許多西洋建築。

8 淺井忠，一八五六—一九〇七，明治時期的西洋畫家。

9 武田五一，一八七二—一九三八，有「關西建築之父」之稱。

10 寺院中僧人寄宿的禪房。

11 在伊勢神宮和賀茂神社出任巫女的未婚內親王和女王，代表日本皇室侍奉天照大神。

12 漢字「床」在日文中，指的是地板。

第二章

春季京都散步方案

本系列，是以京都漫步為主題撰寫，只不過季節是在春季。那麼，究竟要漫步到哪去呢？真是令人苦惱啊！

沿著櫻花走，好像太老套。話雖如此，春天的京都要是少了櫻花，還真不知道會變成什麼樣子。

我想到一個方法。如果很幸運地，在櫻花季節造訪京都時，可以毫不猶豫前往櫻花散步路線；但若碰到櫻花含苞待放、或者已經花落，也提供適合春季的散步路線。也就是，提供各位折衷方案。

最適合漫步春天京都的地點，還是洛東和洛西。沿著山際散步去吧！

一到春天，人心浮動，連腳步都會變得很輕盈。稍微有一點高低起伏的路線，走起來比較有成就感。

東山由南往北；西山由北往南。東西兩大賞櫻路線，出發！

洛東——漫步東山深處

從「蹴上」往東邊山麓

春天的京都漫步。一個人走和兩個人走，各有不同的樂趣。

京都這個城鎮，本來就適合一個人散步。因為我在這個城鎮游走數十年已經深有感觸，一定是這樣沒錯。

悠閒漫步，看到有興趣的東西就停下來。仔細觀察完之後，再繼續向前走。重複這樣的散步模式，如果不是非常意氣相投的人，實在很難互相配合步調。這也是京都適合一個人散步的原因。

然而，唯一可以稱得上例外的就是春季。只有在春季，京都才會變成適合兩個人散步的城鎮。話雖如此，也不是隨處皆可，而是有合適的地點。

那就是京都的邊緣。雖然有四個方向的山脈圍繞京都盆地，但適合兩個人在春天漫步的只有西側和東側。用京都地圖看的話，就是左邊和右邊。不過，從北方看過去，西**側剛好是右京區，而東側則是左京區。**若要在京都街頭散步，最好牢記這些地理位置。

首先是東側。東側是右京？還是左京？沒錯，是左京才對喔！

散步的起點，就從東山、蹴上開始吧！至於為什麼這樣安排，是因為只要連接第四章的近江區，就能串連京都近江的散步路線了。

東海道五十三次[1]的旅行高潮，終於要從大津的驛站前往京都了。

據說，當時一般旅客此時都會沿著東海道，朝三条大橋前進，但有公務在身的人，就會從蹴上走捷徑。也因為如此，我選擇從蹴上開始，往東踏上賞櫻之路。

這裡有地下鐵東西線的車站。一號出口外，就是國道

「蹴上淨水廠」的杜鵑花山丘

一四三號線。無論古今，這裡都是連結京都和東國幹道。我會在介紹近江的篇章裡詳述，從這裡往東走，就是連結琵琶湖的山道。蹴上亦如字面上所示，是必須雙腳用力蹬才上得去的坡道。

對面稍高的小丘，就是獨佔京都水處理的**「蹴上淨水廠」**（地圖E）。透過琵琶湖疏水道運來的水源，都在這裡進行淨化處理。然而這裡不只是淨化水源的場所，對京都人而言，開滿杜鵑花的山丘也是宣告初夏來臨的著名景點。

當這座山丘開滿杜鵑花，就是淨水廠對外公開的時節，每年約莫都在黃金週正中間的時段。如果時間恰巧可以配合，請務必走一遭。櫻花季節過後沒多久，山丘上就會開始到處綻放紅色的花朵。

日向大神宮的眾神

沿著東側山麓散步，第一個想造訪的地方就是**日向大神宮**（地圖E）。日向的發音不是「HYUGA」而是「HIMUKAI」。這裡是眾所周知擁有紅葉美景的著名寺院，不過如果只在秋天造訪就太可惜了。春天有春天值得一見的景色。

單獨一條參拜道路，往山中延伸而去。剛好在正中間的地方，有座設置小小山門的**安養寺**（地圖E）。雖然是一座沒什麼參拜民眾的閑靜寺院，但本堂裡卻供奉著相傳是惠心僧都製作的阿彌陀如來為主神，以及開山祖師慈覺大師圓仁的造像，其實是歷史悠久的寺院。從開山祖師為圓仁法師這一點應該就可以知道，這座寺院其實是「延曆寺」的分院，把比叡山中的寺院遷移至現在的地點，以淨土宗寺院之姿，在此地重建。順帶一提，在「八坂神社」附近也有相同名字的寺院，那座寺院現在屬於時宗。是親鸞大師年輕時曾造訪的寺院，平成二十三年（2011）正逢五十年忌日，吸引許多民眾前往參拜。

沿著參道往深處走，就會看到一座鳥居。從這裡往右手

安養寺、日向大神宮參拜道路

邊前進，就會連接到第四章會詳述的山科區毘沙門堂（地圖O）的山道。左邊則通往南禪寺（地圖E）。

雖然沒有粉色花朵，不過青翠的綠色楓葉也很值得一看。更何況這個時節裡，京都境內大概沒有第二個如此寂靜的神社了。「日向大神宮」就是一座如此閑靜、空氣清冽的神社。用現在流行的語言來描述，可以說是在京都屈指可數的靈異景點。

儘管位於天皇家的境內，但京都幾乎沒有一間神社祀奉天照大神。背後大概是有害怕詛咒這種極為日式風格的理由吧！姑且不論原因，這座神社歷史悠久，可以追溯至日本尚無年號的時候。也就是，它是在有歷史紀錄以前就已經建立的神社。話雖如此，其實這一點也眾說紛紜，就和其他寺院一樣。有一說認為

日向大神宮外宮

日向大神宮內宮

該神社是模仿伊勢神宮而建。而其證據就是該神社的配置與伊勢神宮一樣，分為內宮和外宮。對於懶惰但又信仰虔誠的人而言簡直一舉兩得，京都旅遊和參拜伊勢一次滿足所有願望。

日本有八百萬諸神。這座神社擁有眾多付屬神社，從「嚴島」到「春日」、「多賀」、「天岩戶」付屬神社皆廣為人知。連「戶隱神社」都有。

天岩戶[2]，入口的確很有天岩戶的風格。一塊比人稍高、似乎伸手可及的岩石上，開了將近十公尺左右的通道，據說只要穿過這個岩石隧道就能結善緣、得到神明護佑。剛好適合兩人散步呢！

像這種設計，在京都的神社裡隨處可見。最具代表性的就是位於東山清水寺深處、從清水舞台出去往左手方向就會看到的**地主神社**（地圖J）。

神社是賜予人們各種庇祐之地，根據祭祀主神不同，庇祐的領域也不一樣。比如，祀奉菅原道真的神社就主掌學業和祈禱成績合格。惠比壽則主掌商業繁榮。家中平安等一般性的庇祐，大概每個神社都可以祈求。

從古至今都一直很受歡迎的就是祈求良緣了。就算現在已經是「婚活」等詞彙氾濫的時代，能不能覓得良緣還是要靠神明保佑啊！

「地主神社」是專門保佑覓得良緣的稀有神社，神社境內充滿粉紅色的氛圍。這裡最有名的就是「戀愛占卜石」了！

神社正殿前放著一對石頭。我記得兩塊石頭相距二、三十公尺吧！據說只要能閉著眼睛從其中一塊石頭走到另一塊石頭，就能夠成功談戀愛。到了春天的旺季，會排上很長的隊伍，是非常受歡迎的景點。這個傳說會讓人誤以為是現代才發展出來的作法，但其實相傳是在室町時代以前就有這種風俗習慣了。而且，石頭本身據說也是繩文時代的遺物。這應該就是典型的「信者得永生」吧！

話題回到該神社，「天岩戶」雖然離這裡不遠，但途中必須拐過一個直角，且位於非常陰暗的地方，

日向大神宮天岩戶

所以會讓一起散步的兩個人心跳加速呢！

前往「日向大神宮」的道路很不起眼，但相較之下佔地卻出乎意料地寬廣。是要繞一圈再回到蹴上？還是要穿越直接前往南禪寺？實在叫人難以抉擇。

若是要走賞櫻路線，可以選擇走「**坡道鐵路**」（地圖E），然後再前往南禪寺。這裡不需要找尋特定地點，只要往左右兩側看，一定會遇見櫻花的淡粉色。

賞櫻之路。散步的祕訣是抬高下巴，讓視線自然往上。如此一來，視線就能避開走在前方的背影。

南禪寺：三門絕景

從日向大神宮前往南禪寺。這應該是一條鮮為人知的路線吧！很少會與他人在這裡擦身而過。不過，也有可能是因為我造訪的時間都是淡季的緣故。

在這裡我想稍微換個話題。

誤解詞彙的情況不少。譬如「君子豹變」等成語是很經典的例子。我一直以為這個成語應該是負面詞彙，一發現自己錯了，我馬上就「豹變」轉換想法。豹變是好事，也是身為君子的象徵。

以前的拙作當中也曾經提及南禪寺的「三門」，不過我卻誤解了石川五右衛門所說的話，希望能藉此機會更正。

二〇一一年時，我有幸參與BS富士電視台的「絕景・旅行時間」系列的《絕景溫泉》節目。當時不只參與企劃監督，我也以引路人的身分出現在節目中，所以更加認真地調查許多資料。此時，我突然在意起「絕景」這兩個字。究竟什麼是「絕景」？感覺好像似懂非懂，而且沒有明確定義。於是我仔細查閱，找到石川五右衛門的一段話。從「南禪寺」的「三門」往下看，他說了好幾次：「真是絕景、絕景啊！」這片絕景究竟指的是什麼呢？

從南禪寺三門眺望的景色

我理所當然地認為這是指眺望京都的一句話，但卻非如此。我後來才知道「絕景」這個詞，其實是指這附近盛開的櫻花。石川五右衛門當時看著盛開的櫻花，才大讚絕景。

從南禪寺的三門往下看，這一片景色，會有什麼絕景呢？那是初春時節，連「櫻花」的「櫻」字都還沒寫完的時候。這時候是不是堪稱絕景呢？人往往會有先入為主的觀念。而且一旦擅自揣測別人的心思，就很難再去推翻想法。

就像「東山的庭園」等於「植治」（小川治兵衛）[3]的想法，我本來以為所有的庭園都是從植治開始，完全沒想到植治也是循著前人的範本打造庭園。那位前人，正是小堀遠州。

雖然我很晚才發現，不過這位連結京都與近江的人物在歷史中著實耀眼。他透徹的美學意識，也可視為武士與京都貴族之間的橋樑，我希望能夠藉此機會重新審視這位人物。

精巧的庭園：小堀遠州之美

雖然說是南禪寺，不過範圍非常寬廣。大致可分成三區。分別是三門、塔頭南禪院與**金地院**（地圖E），這三個區域加起來就是南禪寺了。

最應該仔細參觀的是塔頭金地院。金地院裡有小堀遠州使出渾身解數的庭園傑作。在描述庭園之前，容我先說一些金地院的背景。

應永年間（1394-1427）在鷹峯開設的寺院到了江戶初期便移至此地。傳說方丈書院為伏見城的遺蹟，創建時還擁有與日光地區並駕齊驅的東照宮。就連明智光秀為了乞求母親的冥福而在大德寺修建的「明智門」也移到這座寺院內，可以欣賞到它優美的姿態。這些據說都和遠州有關，卻未有明確的證據。

接著來說小堀遠州的庭院。這裡有名為「龜鶴之庭」的方丈庭院。茶室為三疊台目[4]的「八窗席」。該茶室被指定為重要文化財產，是「京都三名席」之一。其他兩個茶室分別是洛北大德寺——孤篷庵的「忘筌席」以及曼殊院的「八窗軒」。每座建築據說都出自小堀遠州之手。

然而，傳說出自遠州之手的眾多庭園中，唯一留下證據且能證實是由遠州直接監工打造的，只有金地院的「龜鶴之庭」。南禪寺大方丈書院的庭園應該也是出自遠州之手，不過沒有明確的證據可佐證。

順帶一提，「日本三名席」常常和「京都三名席」混為一談，不過兩者完全不同。妙喜庵的「待庵」、大德寺龍光院的「密庵」、位於愛知縣犬山市有樂苑的「如庵」等三大茶室被稱為「日本三名席」，是因為每座茶室都被指定為日本國寶。

話題回到龜鶴之庭。

無須我多言，大家都知道龜與鶴是象徵吉祥的動物。鶴有千年之壽、龜有萬年之壽。兩者皆象徵長壽。這庭園就像是為了祈求長壽而建一樣。說他老套，的確是很老套。不過，用枯山水的手法打造庭園，著實意境深遠。

日本庭園還有另一種稱為「池泉回遊式庭園」的樣式，這種樣式的主角是池塘裡的水，因此充滿動態感。如果這種庭園為「動」，那麼枯山水就代表「靜」。如果說哪一種比較能感受到生命力，我當然會說是「動」庭園。「靜」也可以解釋為無生物。因此，我認為這是試圖將永遠的生命注入枯山水的表現。宛如池塘裡的水川流不息，仙鶴築巢、龜游海原的庭院，這難道不就是印刻了悠長的光陰嗎？

庭園裡的白砂令人印象深刻。據說這寬廣的白砂象徵浮在海面上的寶船，十分耀眼奪目。

無論是寺院或者民宅，打造庭園一定有委託人，也就是屋主提出要求，而造庭師的工作就是依照要求提出構想並且監造庭園。素有近代日本庭園先驅之稱的第七代小川治兵衛，也就是植治，他也和小堀遠州一樣，汲取屋主的想法打造出庭院。

儘管後來成為人人皆可欣賞的庭園，但當初應該只是為了讓與德川家有淵源的人欣賞而打造的才對。也就是說此處的「龜鶴之庭」，當初是為了祝願德川家的繁榮昌盛而設

金地院的方丈書院

計，想到這裡就不禁恍然大悟。

以心崇傳這位僧侶，重建了在應仁之亂中燒毀的「南禪寺」。他是家康的心腹，權大勢大可以說是在暗地操控德川家的幕後大人物，既然是崇傳委託打造的庭園，自然必須小心謹慎。遠州既是武士，也是德川幕府的臣子之一，所以勢必要打造出讓將軍以及德川家的人皆能滿意的庭園。

右手邊是鶴石，左手邊是龜石，兩石為一對。中間放置一塊平坦而巨大的石頭。這是為了遙拜建於庭院深處的東照宮而設的「禮拜石」。而且，這塊石頭後方設有象徵「蓬萊山」的石群。

鶴首據說朝向江戶，一切擺設都是為了祝德川家世代繁榮。雖然有點囉嗦，不過我想再度強調，這些細節也表現出京都的確是一個「時代都市」。光看現在的「龜鶴之庭」，無法推知造庭者遠州的想法。一六三二年五月——我認為唯有考量這個庭園剛建好的時代背景，才能了解這個庭園背後真正的意涵。

受崇傳之託所打造的「龜鶴之庭」，竣工之後在江戶大受好評，但崇傳卻無緣見到該庭園就逝世了。想到這份遺憾，就讓庭園的韻味顯得更加深刻。

讓我們再度眺望這座庭園吧！

一般的日本庭園，通常眼前就有綠意點綴，但這座方丈庭園的綠色植物卻放得很遠。而且藉由層層堆疊植栽的手法，營造出沒有盡頭的深遠景色。請好好感受庭園借景東山，讓跟前的松原看起來比實際面積更寬闊的錯覺吧！

說它是鶴，看來的確很像，說是正要潛入海裡的龜，看來也很像龜。說白砂看起來像海，本來就很不可思議。這大概是出自於遠州的玩心，同時也蘊含深遠的哲學道理

金地院的龜鶴之庭

吧！使用借景、遠近法、再加上大刈進（種植許多樹木的植栽）等手法，打造出本來沒有的景色。

茶湯、花道、建築、庭園、工藝。小堀遠州建立了各種日本文化的基礎，我認為他不只有感性的一面，應該也有理工知識背景。若沒有計算的能力，不太可能打造出如此精巧的庭園。若要譬喻的話，我想他就是日本版的達文西吧！這樣想的話，就比較能夠理解了。

水琴窟運用水的力量，彈奏出不可思議的樂聲，據說這也是小堀遠州想出來的設計。巧妙運用理工知識打造出風雅設計之餘，遠州同時又是隸屬戰國大名麾下的武士，營建城廓時也發揮了他的長才。打造了駿府城、名古屋城、大坂城等優美名城，這些設計能力也運用在庭園之中。

植治是專精於庭園的職人，而遠州不僅是造庭師，也是茶人、科學家、武士、藝術家，兼具各種才能的人物。從這角度來看，會發現完全不同的面貌，看待庭園的眼光也會有所不同。如果能夠連歷史背景都一起享受，那麼就能達到不僅限於京都的散步達人之境了。

*

接下來回到南禪寺吧！

「法堂」的主神為釋迦如來佛，兩旁有文殊、普賢菩薩。「三門」閣樓上也供奉著寶冠釋迦座像。

剛才說到石川五右衛門的「絕景啊！」其實，這句話非常弔詭。因為「三門」是在五右衛門死後三十年才建立的。究竟怎麼回事？怎麼會冒出這種說法呢？

其實，石川五右衛門這個人是否真實存在，本來就是個謎。耶穌會傳教士的日記中，記載一名被油炸的盜賊，盜賊的名字貌似就是石川五右衛門，這段記載雖然很有名，但是也有其他同名的傳說人物，所以事情變得有點複雜。總而言之，從三門眺望的景色很美。而且三門閣樓上還有很多可看之處，希望各位也能一覽內部陳列的眾多神像。

法勝寺：京都市動物園殘存的夢幻塔

逛完南禪寺之後，我希望各位務必要造訪京都市動物園（地圖E）。只要是在京都長大的人，一定會去過一、二次。那裡有小小的人造猿山，十分有趣。

最近，動物園又開始受歡迎。話雖如此，京都市動物園不像北海道的「旭山動物園」用新型態的參觀方法吸引人潮（當然這種方式也需要下很多功夫），而是藉由能夠接近京都的歷史遺蹟來吸引歷史迷。

從歷史的專有名詞來說，「院政期」就是指白河上皇主政的時期。這個動物園的周邊，也就是岡崎地區曾經建有六座名稱中帶有「勝」字的寺院。然而，這六座寺院不知為何忽然消失，現在只留下名字而已。法勝寺町、成勝寺町、圓勝寺町、最勝寺町等。只要看地圖就能確認位置，大概是現在的「岡崎公園」所涵蓋的範圍。

動物園所在地為左京區岡崎法勝寺町。在動物園內，就能看到「法勝寺」的遺蹟。以前「法勝寺」的金堂前有一個水池，池中的人工島上曾經建有一座巨大的八角九重塔。據說高度竟然達八十一公尺。截至近代以前，日本第一高的洛南「東寺」五重塔，也才高約五十五公尺，就可想見當時「法勝寺」的九重塔有多高了。

動物園中有水池，而水池的渡橋竟然是九重塔的礎石，這一點非常有趣。

這就是京都。無論去到哪個城鎮的動物園，園區內都不會出現古寺，而且還是已經消失的古寺所殘留下的遺蹟。古老的水池雖然改成噴水池，仍然能窺見昔日的面貌。而且這些景色就留在動物園當中，這實在是太京都了。

去動物園之後，再度回到山腳下朝北方前進。在此之前，還可以順道去另一個地方。

沿著疏水道散步吧！從動物園南側向西走。走到底之後拐向北方，再走到底沿著水流向西前進。這條疏水道連到鴨川，兩旁種了許多櫻花木，水面上映照著淡粉色的櫻花。有藍天、櫻花以及流水。儘管有各式各樣的櫻花，也比不上安

殘存「法勝寺」遺蹟的水池

撫人心的水邊櫻花。

走著走著就能抵達以秋天楓紅聞名的平安神宮（地圖F）。當然，這裡也是賞櫻勝地。寬廣的庭院中，隨處皆種植櫻花木，各種花朵都展現自己的風情。尤其是谷崎潤一郎所喜愛的垂枝櫻花最佳。就像他作品中的主角所說過的，這株櫻花絕對值得等待一年。等待、再等待，終於櫻花的花蕾才漸漸飽滿，最後綻放花朵。人們一定把櫻花開花的過程當做自己的人生了吧！總有一天一定會開花結果。我總是帶著這樣的願望，再次欣賞綻放的櫻花。

金戒光明寺的夕陽

從平安神宮向北走，過丸太町通之後務必造訪金戒光明寺（地圖E）。京都人暱稱該寺為「黑谷桑（黑谷さん）」。

這個暱稱在京都非常普遍，如果搭計程車時，告訴司機要去金戒光明寺，應該會有司機露出驚訝的表情吧！只要改說去「黑谷桑」，司機馬上就會踩下油門前進了。

為何會稱為「黑谷」呢？這個名稱的由來可以追溯到平安末期，法然上人創建這座寺廟的時候。

比叡山西塔有一座青龍寺，這座寺院又稱為「黑谷青龍寺」。這裡的「黑谷」指的是地名，追本溯源其實是大黑天神出現過的地方。其實本來是「大黑谷」，但不知從什麼時候開始就省略「大」字簡稱「黑谷」了。因為創寺的法然曾經在比叡山的黑谷修行，所以稱呼金戒光明寺為「黑谷桑」，而本家的青龍寺則稱為「元黑谷」。

「黑谷桑」建造在略高的高台上，頗有山寺風情。正式的名稱為「紫雲山黑谷金戒光明寺」。因為紫雲繚繞、陽光照亮四周而得名。

本來應該在彼岸時節[5]去這座寺廟參拜比較合適。畢竟，在這裡能夠遠眺西山，並且清楚看見赤紅色夕陽西沉的樣貌。除了大樓以外，在京都內能夠看到夕陽沒入西山的地點只有這裡了。若能在春分秋分的彼岸時節造訪京都，請務必到這座寺廟欣賞夕陽西下的美景。

接著是櫻花。整座山隨處皆有櫻花。

山門前後的石階，在櫻花初落時，就像鋪滿櫻花地毯一樣。

阿彌陀堂四周以及吉備觀音、三重塔也都點綴著櫻花色彩。

彷彿將鐘樓淹沒的櫻花、盛開於極樂橋畔的櫻花、映照於蓮池上的櫻花，無一不美。櫻花啊！櫻花！

坐擁十八座塔頭的寺廟，寬廣的寺院範圍內有許多墓地，既有箏曲八橋流的創始者八橋檢校之墓，亦有在幕府末期動亂時喪命的會津藩士之墓。櫻花與墓地。成為一幅不可思議的風景畫。我這麼說可能犯了大不諱吧！無數的武士和士兵在心中銘刻櫻花美景，然後死去。花朵的壽命是如此地虛無而短暫啊！

真如堂：「頷首阿彌陀如來」與繁花

穿過「黑谷」前往**真如堂**（地圖E）也是不錯的選擇。這座寺院裡也能看到絕美櫻花爭先恐後綻放的景致。

真如堂的「真如」意指真實的樣貌，是佛教用語之一，也有真理的含意。這是天台宗的寺院，正式名稱為「真正極樂寺」。本堂的名稱直接拿來稱呼寺院，所以就變成真如堂了。

慈覺大師「圓仁」在近江國找到靈木，在靈木上出現兩尊分別為座像和立像的阿彌陀佛，這也開啟了這座寺院的歷史。雕刻好的座像日後成為「日吉大社」念佛堂的主神，而立像靈木由大師帶往中國。回國途中遇上大風浪，據說在波浪間阿彌陀如來顯靈。帶回靈木的大師雕刻出立像阿彌陀佛，木胎內供奉在海上顯靈的阿彌陀佛。而這尊阿彌陀佛，據說在大師欲在眉間植入白毫、快要完工時，如來佛祖卻有所抗拒。

於是大師請求佛祖，至少拯救都城眾生中的女性吧！阿彌陀佛聽完便點點頭，答應了大師。這也是這尊佛像被稱為「頷首阿彌陀」的原因。若說永觀堂的象徵是「回首阿彌陀」，那麼真如堂就是「頷首阿彌陀」了。

經過一段時間後，開山祖師夢中出現一位老僧，大師遵從老僧的指示把寺廟建於此地。除此之外，因為老僧強烈建議大師渡化女性，因此真如堂至今仍以渡化女性的佛陀之姿，深受大眾信仰。

或許是因為這層淵源，「本堂」旁就有傳說中由春日局[6]親手栽種的「立川櫻」。為了供養沉睡在這座寺廟、曾為明治光秀家臣的齊藤利三，女兒春日局種下名為「江戶彼岸」的櫻花。一般的櫻花木，樹皮上的紋路皆為横向，然而此品種的櫻花卻為縱向。因此，也稱為「立川櫻」。這株櫻花因為被石柱圍起來，所以不能靠近看，不過遠看也可以看得出來紋理走向。

真正極樂寺（真如堂）

寺院境內還有其他約七十株櫻花。其中大多為染井吉野櫻，而鐘樓四周美麗的八重櫻格外醒目。將近十株的八重櫻，剛好把鐘樓圍成一圈。站在鐘樓的基座上，會感覺自己彷彿被櫻花包圍一樣。

三重塔的南面有垂枝櫻花。站在這株櫻花前，抬頭欣賞塔樓，就會看到垂枝櫻花披覆著三重塔這樣難以用言語形容的美景。

若非在櫻花季節造訪，這座寺院裡還有其他花朵。馬醉木的白色花朵比櫻花早開，花期在一月至四月。若是三月的彼岸時節，在本堂後方則會開滿山茱萸的黃色花朵。而「藥師堂」前的山茱萸，在京都算是比較稀有的花卉，搭配黑谷桑的夕陽剛剛好。

櫻花盛開後，牡丹、雞痲花、蝴蝶花也陸續綻放。其中，四月底時的紫藤，會垂下美麗的紫色花串。本堂供奉著阿彌陀如來。阿彌陀如來佛底座的蓮花花瓣上，刻著「木食正禪造立」幾個字。這句話是在讚頌於高野山修行，直至成為大阿闍黎的正禪上人。

木食上人絕五穀雜糧，只吃樹木的果實持續修行。像我這樣不可能斷絕五穀雜糧，過著日日享受美食的人，相較之下令人汗顏。因為我無顏好好面對上人，所以都趁紫藤盛開能夠遮掩臉面時前去參拜。若是我輩中人，也建議各位效仿。

哲學之道與關雪櫻

離開真如堂之後，往東越過白川通以及鹿谷通，就會抵達南北縱長延伸的哲學之道（地圖E），沿著道路疏水道細長的流水涓涓向北而去。

雲霞繚繞於山腳的散步道路，這就是「哲學之道」。沿著從琵琶湖引進的水路，這條能夠讓人耽溺於思考的路，悠閒地延伸而去。

仰望眼前東山的初春嫩綠，搭配涓涓流水聲，令人感受到春天來訪的腳步。沿路上有法然院以及銀閣寺等眾多名剎古寺，這些景點就放在之後同系列的書籍再詳述吧！這是一條絕佳春日散步道路，不愁沒有和菓子店、下午茶店等能夠稍微小憩的店家。這條路在春季十分豔麗，那是因為種了很多枝枒都向河面延伸的櫻花，不知道為什麼，種在水邊的櫻花幾乎都會朝著河川開花。雖然這種問題算不上哲學，不過邊思索這種事情邊散步也不錯呢！

話說，種在哲學之道上的櫻花，稱為「關雪櫻」。

據說是由一位在明治末期到大正時期活躍於日本畫壇的泰斗——橋本關雪致贈，所以才用他的名字來稱呼櫻花。之後在介紹近江的篇章中也會詳述，關雪的墓地，就在逢坂山山頂上的別墅遺址中。也就是現在的**月心寺**（地圖R-f）。生於兵庫縣的關雪，來到京都之後，輾轉從岡崎搬到南禪寺，最後移居銀閣寺。路線由南往北，完全和這次介紹的東側賞櫻路線一致。

哲學之道。雖然在櫻花盛開的時節會湧入大批觀光客，但平常靜謐而悠長。一路向北走，直到銀閣寺參道上才會突然熱鬧起來，名產店林立。至此，櫻花夢會暫時被打碎。和菓子與最近的新產品「山椒小魚」宣告春天來臨。山椒樹的香味，讓京都的春天顯得春意更濃。從參道向西走，寬廣的巴士通道上，北側的疏水道延續著。在這裡，又能再度看見櫻花了。

為愛妻阿米打造的茶室

往左手邊的南側看，就會發現白沙村莊（地圖A）。這裡曾經是橋本關雪的宅邸兼工作室。來到此地請務必一覽庭園。因為這裡蘊含了關雪的想法，也和關雪櫻的由來息息相關。

關雪的愛妻名為阿米，無論是工作還是生活，都靠阿米一手打理。關雪一直對愛妻懷抱著感謝之意。然而，很可惜地阿米體弱多病，關雪無法帶著她四處遊歷。希望向愛妻阿米表示感謝之情的關雪，想到在庭園內建立茶室的點子。

倚翠亭、問魚亭、憩寂庵三間茶室，都是由關雪親自設計打造，為的就是讓妻子阿米能夠好好享受。從這裡就能夠看出夫妻二人多麼鶼鰈情深。

接下來就要說到關雪櫻，這也和妻子阿米有很深的淵源。

關雪長期居住於京都，他認為自己能以畫家身分獲得成功，全都拜京都所賜。於是他和妻子阿米商量，應該要怎麼做才能報京都之恩。此時，阿米提出在附近的哲學之道種植櫻花木的想法。因此，關雪聽從妻子的意見，於大正十年（1921）贈與京都市大約三百六十株櫻花幼苗，而這些櫻花持續盛開至今。

京都城鎮中的河川都是沿著地形，由北往南流。就如同「向北就等於上坡，向南就等於下坡」這句話一樣。然而，只有哲學之道的疏水道相反。水路由南向北流。雖然是因為從琵琶湖引水才造成流向不同，不過背後其實有著風雅的設計。

在白沙村莊前，往西流的疏水道，在這一帶暫時化為暗渠。水從此地還會繼續往西流，但到了警察局背面一帶，水路就會被堵住。

櫻花幾乎盛開，接著即將進入落花飄飄的時節。報紙上的櫻花花訊將這段時間稱為「落花盛」。希望大家務必前去觀賞。因為此時，可以看到淹沒疏水道水面的櫻花宛如船筏飄盪。那就像是關雪故意設計的機關一樣，他一定希望妻子阿米在世時也能看到這樣的美景吧！完全看不見水的蹤跡，只有櫻花花瓣飄盪在水面上的風景。

出乎意料的禮物最暖心。與其惋惜散落的櫻花，不如欣賞櫻花轉化成船筏的姿態。對於讓人享受櫻花美景直到最後一刻的關雪櫻，以及打造出這般美景的琵琶湖疏水道，讓我們懷抱感謝之意，在東側的櫻花賞櫻之路畫下句點。

洛西——從鷹峯漫步至西邊山麓

春季的象徵就是櫻花。說到櫻花就會想到京都。洛東、洛西、洛南、洛北，有數個賞櫻景點。依照當時櫻花的色調與盛開的情形，可隨意選擇任一種路線，不過如果只能選擇一個地方的話，我會毫不猶豫地選擇洛西。楓紅之秋可以讓賢給洛東，但是春季還是洛西最美。

從北方的鷹峯**常照寺**（地圖D）到南方山越、梅畑的**平岡八幡宮**（地圖H）為止，距離約七、八公里。途中有高有低，說它是山路也不為過。腳程快的人需要花兩個多小時才能走完，大約要走一萬步。本來就是以閒晃為前提的行程，所以加上在境內賞花遊走，可能會需要將近兩倍的時間吧！

總之，不需要逞強。幾乎每條賞櫻路線都沿著京都市的巴士路線走，如果累了就搭巴士抄捷徑吧！

最好避免開車前往。無論是自家用車還是租車都一樣。這一帶巷道狹窄，而且少有停車場，要是正逢櫻花季節就更慘了。搭計程車也不是不行，但要記得指名經常跑這一帶的司機。或許這裡會有當地人才知道的捷徑也說不定。

常照寺

櫻花與楓紅互為表裡。雖然這只不過是我自己說的一句話，但在京都旅行時，這句話一定會派上用場，所以請務必記下來。

這句話就是表示，櫻花開得美的地方，楓紅的景色也一定很美，就算順序相反也一樣。即便在櫻花季節造訪著名的賞楓景點，也一定能欣賞到美麗的櫻花。

洛北鷹峯是本阿彌光悅[7]開設藝術村之地，也是知名的賞楓景點。十一月剛過中旬時，這一帶就會人滿為患。自用車、計程車、行人混雜在一起，到了假日簡直動彈不得，非常擁擠。

人們一心認為這裡是賞楓景點，所以幾乎沒有人會為了賞櫻而造訪鷹峯。因此，相較於秋季，這裡的人潮少很多。

京都有「京七口」，表示各個地方與京都連結的出入口。從鎌倉時代開始至安土桃山時期，秀吉在京都周圍建築「御土居」包圍都城之後，這個詞彙就開始成為專有名詞。雖然說是七口但眾說紛紜，廣為人知的大約有九個「口」。其中也有至今仍以「口」為地名，較有名的像是鞍馬口與荒神口、粟田口等地。

鷹峯附近有一個長坂口，也屬於「京七口」之一。此地是與若狹國相連的周山街道起點，據說因為曾經是驛站而繁榮一時。

從JR「京都」車站轉搭地下鐵烏丸線，在「北大路」站下車。所需時間為十二分鐘。從車站沿著連絡道前往巴士站。

「北大路」車站的巴士站依目的地而方向不同，分為紅色與藍色的候車區。我們前進的目的地是藍色候車區。在標示為E的站牌等車。搭乘北1系統，前往「玄琢」方向的巴士。

沿北大路向西走的巴士會轉至堀川通繼續北上。沿北山通向西，順著有點複雜的路線朝鷹峯前進。途中會經過常德寺這間樸素的寺院，又或者會暫時南下。接著在「鷹峯源光庵前」站牌下車，告別愉快的繞道巴士。

下巴士之後，朝著比叡山往東走。過不久就會看到目的地「常照寺」。指標是民宅東側的石柱。旁邊有一條細長的參道向北延伸而去，右手邊有很大的停車場。

石板路的深處可以看見一道山門，那就是眾所周知的「吉野赤門」。吉野指京都島原的藝妓——吉野太夫。

年代可追溯至江戶初期。東山三十三間堂附近的西國武士家裡，誕生了名為德子的女孩，因為種種緣由成為藝妓。因為她舉世無雙的美貌，年僅十四歲便受封太夫[8]，源氏名[9]最初為「浮船」。然而，因為在島原流傳著一首詠嘆櫻花的詩詞，便改名為「吉野」。可見從古時就已經有說到櫻花就想到「吉野」的習慣，時至今日從未改變。

吉野太夫精通書畫、茶藝、彈琴、花藝，各種技藝兼備的她十分受歡迎。

無數男子前來向這位才貌兼備的女性示愛。贖身之戰經過幾回合，最後只留下兩位男子。一位是近衛家的公卿，一位是與本阿彌家有親戚關係的富商——灰屋紹益。最後紹益砸了一千三百兩，重金替當時二十六歲的吉野太夫贖身。然而，因為父親的反對，兩人只好私奔。

故事的高潮從這裡才開始。

和兒子紹益斷絕父子關係，逼得兩人私奔的父親，某天在途中遇到一場大雨。於是，他打算向偶然路過的人家借傘。這戶人家的一位女性，邀請他進家門，還慎重地招待他。這位女性替他泡茶、整衣，招待一番之後還拿出雨傘相借。

對這位女性的一舉一動、美貌、溫柔感動萬分的父親，詢問了她的名字，一問之下才知道她竟然就是吉野太夫。

想當然爾，這位父親解除了斷絕父子關係的命令，讓

常照寺的吉野門

兩人住在東山的山麓。然而，幸福很短暫。吉野太夫年僅三十八歲就香消玉殞。兩人一起生活的時光，只有十二年。

悲傷不已的紹益，將火葬後吉野的骨灰一飲而盡，並且作了一首詩歌。

——吉野赴冥山，都城已無花。——

時間回到吉野被贖身的時候。吉野太夫將當時得到的金子，全都捐出來打造山門。因為她曾經皈依「常照寺」開山祖師日乾上人門下。

走在參道上，到紅色山門之前盛開的櫻花，被稱為「吉野櫻」。這裡的櫻花花期較遲。洛中的櫻花開始凋謝時，這裡的櫻花才正要滿開。

進入寺院境內，映入眼簾的是以杉木群為背景，在枝頭綻放可愛花朵的垂枝櫻。若時間抓得剛好，還能一起欣賞紅白梅花競相比美的景色。如果想感受寺院特有的氛圍，最好一探在境內最深處的「鬼子母神堂」前的垂枝櫻花。彷彿快要將小小草堂淹沒一般，樹枝曲折地下垂延伸，上頭開著淡粉色的櫻花。

寺院佔地寬廣，除了「鬼子母神堂」以外，還有供奉吉野太夫之墓的「開山堂」，高台上的遺芳庵茶室裡，有吉野太夫鍾愛的「吉野窗」，可看之處非常多。其中最令人印象深刻的，莫過於遺芳庵深處的「比翼塚」了。

深愛吉野太夫，甚至將骨灰一飲而盡的紹益，其墳墓卻不在這座寺院中，而是在洛中的立本寺內。歌舞伎演員們認為兩人未能一起長眠實在令人惋惜，於是建造刻有兩人名字的墳塚，並且命名為「比翼塚」。希望能以比翼雙飛的寓意，來慰藉兩人的亡靈。

現在在同一座庭院中，也有看起來像是老鷹作勢起飛的「比翼石」。

眼前浮現兩隻老鷹比翼翱翔於空中的樣子。之所以叫鷹峯，是不是因為這幅景色呢？

每年四月的第三個星期日，這座寺院會舉辦「吉

比翼塚

野太夫花供養」的活動，重現豔麗的太夫遊行隊伍。

從下一段會介紹的**光悅寺**（地圖D）到本寺的一段路上，穿著華麗打掛和服的太夫們，在髮型古樸的童女與男眾的陪襯下，踩著獨特的步伐，徐徐然地前進。

供養亡者後，也會舉辦戶外茶會，春季的這一天，這一帶都會染上一層豔麗的氛圍。

——翩然吉野至，遍地是花開。——

本來名為「浮船」的她，因為這首詩歌而被稱為吉野太夫。若是當初沒有這首詩歌，或許她就會走上完全不同的人生之路吧！

＊

這附近散佈著頗負盛名的名剎古寺。回到下車的巴士站牌，繼續向西走就會遇到源

光庵（地圖D）。這座寺院以「迷惘」與「頓悟」兩道窗而聞名。因為太過有名，所以幾乎讓人毫無迷惘與頓悟的時間，就被捲入大批人潮之中了。最好在參觀之前，先確認出入口方為上策。

沿著「源光庵」長長的白色土牆，看著右手邊的小學往西走。這一帶有許多從圍牆後伸出枝條的染井吉野櫻。雖然和吉野櫻相比少了幾分情趣，但卻另有好處。以藍天為背景而盛開的染井吉野櫻，漸漸成為日本特有的風景。

光悅寺

小學校門口對面有一塊不顯眼的白色看板。旁邊就是光悅寺的入口了。看板旁的小石板參道，往深處綿延而去。

光悅寺的參道

光悅寺是太夫遊行的出發點。若是把這裡定位為寺院才開始散步，一定會覺得很困惑。當然，形式上這座寺院有大虛山之號，也是公認的日蓮宗寺院，主神供奉十界大曼荼羅。然而，追本溯源，這裡原是本阿彌光悅獲德川家康賜予領地建築自宅的遺蹟。也因為如此，走在寺院境內，會覺得寺院的氛圍很淡薄。或許也可以說沒什麼燒香拜佛的味道吧！

光悅垣

知名的本阿彌光悅，生於鍛造、鑑定刀劍之家，他不只是書法家，還精通漆藝、陶藝、茶藝，是為曠古絕倫的藝術家。他找來親戚與工藝家聚集此地，打造一個大型藝術村。到此漫步前，先體認光悅寺是受其影響而誕生才是正途。只要把這裡當作是藝術家的山莊遺蹟即可。建地周圍圍繞著「臥牛垣」，另一稱為「光悅垣」，裡頭建有七棟茶室。當時一定有許多公卿、武士於此聚集，一起舉辦茶會吧！

賞櫻之路離這裡有一段距離，這裡比較適合欣賞秋天的楓紅。畢竟到了楓紅時節，這條狹窄的參道上可是會被人潮擠得水洩不通啊！

回到巴士站附近的鷹峯交叉路口，轉而向南走。走一段路之後，穿過公寓區，馬上就會看到右手邊的老民宅，看板上寫著**松野醬油**（地圖D⑦）。是文化二年（1805）創業至今的老字號醬油店，非常適合需要把京都好味道當作紀念品的觀光客。

SHOZAN 光悅藝術村

✽ 樓蘭：中華料理午餐 ✽

走過這裡之後，一樣在右手邊馬上就能看見很像寺院入口的土牆，上面掛著「SHOZAN 光悅藝術村」（地圖D）的看板。這裡擁有佔地三萬五千坪的大庭園。選擇於此享用午餐也不錯。設施範圍內的櫻花，大都是八重紅枝垂櫻。四月十日過後，正好是開得最美的時候。常照寺雖然條件差不多，不過基本上越往山上櫻花開得越晚。當洛中的櫻花開始凋謝，洛北的櫻花才正要滿開，這就是京都的櫻花本色。

「SHOZAN」對京都人而言，與其說它是景點，還不如說是運動中心。保齡球場、游泳池等，對年輕人而言，可以說是稍微高級的社交場地。午餐我推薦這裡的中華料理。

漫步日本庭園、欣賞櫻花之後享用中華料理，乍看之下很不搭，然而，這樣意外的組合卻顯得更有深意。

庭園中的白色建築就是**樓蘭**（地圖D⑨）。在素淨風雅的土地上，是一間非常稀有的中華料理餐廳。主餐和飯類都可以選擇，搭配前菜與湯品的午餐套餐只要一七八二日圓。就算再加上甜點，也不過二三二七日圓。考量地點、餐點內容，是性價比很高的餐廳。

樓蘭

都很值得。

✻ 若雞：用手抓來吃的烤嫩雞肉串 ✻

順帶一提，SHOZAN 裡也有在京都稱得上是老店的雞肉料理餐廳，就算是專程來吃

餐廳的名稱為「若雞」（地圖 D⑧）。外觀彷彿建在信州鄉下的簡陋茅草民宅。脫鞋進入之後，店內出乎意料地寬廣。如果只有一、二人，建議可以坐在吧檯。如果有空位的話，坐在能夠眺望庭園的位置也不錯。

如果我記得沒錯，這間店應該和輕井澤網球場旁的一家同名餐廳有淵源。菜單內容也很相像。輕井澤那家餐廳非常受歡迎，總是大排長龍，免不了要和其他人併桌，而且還有很多不得變通的規定，再加上距離又遠，相較之下前往 SHOZAN 裡的「若雞」輕鬆多了。氛圍就像專賣雞肉料理的居酒屋一樣，可以輕鬆吃吃喝喝。

烤嫩雞串、炸雞塊、炸雞排是我最推薦的前三大料理。尤其是烤嫩雞串，直接用手抓著巴掌大的雞肉大口咬下，這種野性的口感令人難以抵擋。放在桌上的醬料壺裡有特製的醬汁，沾上醬汁再食用更美味。還有用河童蝦味煎餅的廣告台詞「美味擋不住」和

「好吃停不下來」取名的菜單，雖然名字很搞笑，但味道可是一絕。如果還沒賣完，請務必品嚐看看。

若雞

夜晚前來此地，體驗平常少見的賞夜櫻，充滿出乎意料的感覺也很不錯。

不過，如果還是覺得到京都賞櫻，吃雞肉料理或中華料理很不搭的話，我還準備了其他選項，所以也可選擇一邊賞花一邊走過這一區。

寬廣的園區中，西側另有出入口。從「樓蘭」和「若雞」餐廳走來，離這個出口比較近。從西側的道路走出園區之後，就是連接金閣寺的鏡石通了。

「鏡石」是地名的由來，如字面所述，鏡石是像鏡子一樣的石頭，據說以前這裡曾經擠滿前來參拜鏡石的善男信女。

坐擁金閣寺的大文字山露出岩石紋理，但是這裡的岩石紋理不知為何卻像鏡子一樣，關於這裡的「鏡石」還留有女性把鏡石當作鏡子梳頭以及牛隻因為看到鏡石上映照自己的樣貌而嚇得瘋狂竄逃的紀錄。

從 SHOZAN 到金閣寺途中，至今仍留有被鐵絲柵欄圍起來的鏡石。若專心注視右手邊的山麓表面，或許就能找到呢！

為避免畫蛇添足，這裡就不贅述通稱金閣寺、但正式名稱為「鹿苑寺」的名勝了。總之這裡是賞櫻的知名景點，非常值得一遊。

權太呂：絹掛之路上的蕎麥麵

離開金閣寺後，往南的下坡道路，有個「絹掛之路」的風雅名稱。沿著衣笠山的山腳，緩和的坡道有規劃出行人步道，是非常適合散步的道路。

剛剛在 SHOZAN 尚未品嚐中華料理或雞肉料理的人，這裡有一間非常合適的餐廳。

那就是「權太呂—金閣寺店」（地圖D⑪）。這是位於洛中，在京都也稱得上是老字號的蕎麥麵店。

如果想要彰顯京都風情，可以選擇「豆皮湯蕎麥麵」。若是在櫻花盛開，天氣特別冷的時候就更好了。我推薦燒鳥丼。這道夢幻逸品，打破京都調味總是清淡刻板印象。品嚐這道菜的時候，一定會一邊欣賞庭園綠意，一邊疑惑為什麼京都的雞肉這麼好吃吧！

說到東京就想起蕎麥麵，說到大阪就想起烏龍麵。名古屋的代表則是寬板麵。麵類好像有這樣不成文的劃分，但令人意外的是，京都幾乎廣納所有種類的麵。以我不負責任的評語來說，每一種都做得很中庸。

譬如「權太呂」的蕎麥，不是更科蕎麥也不是田舍蕎麥，更不是用粗粒蕎麥製作，總之就是用京都的蕎麥而

權太呂 金閣寺店

已。沒有撲鼻的蕎麥香氣，也不像御前蕎麥那樣擁有微微芳香。然而，對京都人而言，這樣中庸的蕎麥就是美味蕎麥的象徵。

不受「講究」這兩個字束縛的蕎麥麵，美味的關鍵在於高湯。「權太呂」的高湯贏在多了幾分甘甜滋味，正因為這層味道才讓蕎麥麵更具有京都風情。無論在江戶、信州、出雲都沒有這樣的蕎麥麵。希望您也能細細品嚐高湯的美味。

吃飽喝足之後，從這裡就要進入山路。腳力好的人可以徒步健走，對體力沒自信的人則可以搭巴士。

原谷苑：獨一無二的櫻花林

離開「權太呂」之後向南走，碰到第一個轉角時往左，進入東側。前進一段路之後，在下一個三叉路口沿著右斜前方的路走就會看到蘆山寺通。穿越蘆山寺通，左手邊可以看見「櫻木町」的巴士站牌。從這裡搭乘M1系統前往原谷方向的巴士，在終點站下車。乘車時間約為三十分鐘，從終點站再走三分鐘左右就會抵達「原谷苑」（地圖Ⅰ）。

這裡既不是寺院也不是神社，為了看櫻花還必須付門票。我之前一直因此而抗拒前往，不過就在我為了取材而前去場勘時，馬上就改變想法。

從「櫻木町」出發，無論去程還是回程的巴士都是一小時只有一、二班，所以務必事先確認時刻表。

如果不排斥健行，從這條路線最初造訪的鷹峯開始，也可以稍微走一段山路。距離大概比二公里還長一點。走三十分鐘左右就會抵達「原谷苑」。在賞完櫻花之後，我推薦走山路前往御室的**仁和寺**（地圖Ⅰ）。出發前最好先買好賞花便當，一路上有很多可以坐下來享用便當的地點。

接著進入正題原谷苑。平常大門深鎖，只在櫻花與楓紅的季節敞開，每逢開放時節都會湧入大批觀光客。如同方才所述，我一直以來都對這個庭園抱持否定的態度。長久以來，我都認為以營利為目的種植櫻花，簡直太不像話。就在我某次看到這裡的櫻花時，我才對自己的無知感到無地自容。如此慎重地培育這片櫻花林，若是單純以營利為目的根本無法做到。我真切地認為，照顧這些櫻花不知道要耗費多少心力啊！光看櫻花就能推知背後的辛勞。

這裡的櫻花，絕對值得特地從洛中遠道而來，並且付出每年都不一樣的門票進來欣賞。這幽玄的櫻花，壓倒性的魄力足以震攝人魂。可以說是獨一無二的景致。

——現世若無櫻，焉能渡春心。——

正如在原業平[10]所吟唱的詩句，櫻花總是搔動著人們的心。櫻花令人想起懷念的往事，也會引起痛苦的回憶。既令人耽溺於傷感，也能令人一掃憂鬱。漫步櫻花樹下，總是會引發各種聯想。這或許可以說是櫻花獨特的能力吧！

欣賞蘊含香氣的梅花、或者開在牆邊的山茶花，都不會像賞櫻這樣心情浮動。欣賞其他花朵的時候，我們只是單純被花朵之美所吸引。為何只有櫻花……。只要在「原谷苑」賞過櫻花，必定會抱持這樣的疑問。

——吾輩之所願，春櫻花下死。——

像西行法師這樣，甚至有人把櫻花連結到自己的生死觀，可見對日本人而言，櫻花果然是很特別的花吧！

「原谷苑」的八重櫻花季較晚，滿開的時節大概都在入學典禮結束再過一段時間之後。

仁和寺

✻ 御室櫻 ✻

離開原谷苑後，我想推薦腳力好的人走下坡的山路前往仁和寺。距離約二公里多，走三十分鐘左右就能抵達御室。而且更令人開心的是原谷苑和仁和寺之間有「御室八十八所靈場」的參拜路線。

為了無法前往「四國八十八所靈場」參拜的信徒而設計的路線，這裡可以說是發源地。文政時期，曾為仁和寺住持的親王前往「四國八十八所靈場」，將每個靈場的砂土帶回來埋在後山，並且在此地建立佛堂，從此就為「御室八十八所靈場」奠定了基礎。

巡迴靈場一圈全長為三公里。因為是有高低落差的山路，如果全部都走完需要二小時。若是不嫌走路累而且又有信仰的人，也可以在賞櫻的路上順道參拜「御室八十八所靈場」。

從原谷苑下來可以走東門繞「八十八所靈場」，參拜完第八十八個「大窪寺」之後會離西門比較近，但我建議從絹掛之路對面的「二王門」走。

背負厚重瓦片的歇山式屋頂，巨大的門扉左右兩旁端坐著「阿吽」[11]二王。設計完全統一為和風，應該是因為御所承襲自平安時期以來的傳統延續至今吧！從光孝天皇到宇多天皇，對御所的念想一直沒有間斷，所以讓這裡成為皇族寺院，延續了一段長久的輝煌歷史。然而，這裡也和洛中的眾多寺院一樣，都因為應仁之亂的戰火而付之一炬。

之後，雖然獲得第三代將軍家光首肯再度重建，卻在明治時期再度慘遭祝融，御室御所燒毀，進入昭和時期之後化身為真言宗御室派的總壇。經歷一段複雜的歷史之後，才連結到現在的「仁和寺」。

拙作當中曾經用「現代都市」來描述京都，也和這座仁和寺的變遷有關。為何會用御室這個地名呢？思考這個問題時，如果只看現在是真言宗總壇這一點是無法找到答案的。回溯這裡本來是皇族寺院，才會恍然大悟。

最初發願建寺的光孝天皇駕崩已逾千百年，抽除這段時間的歷史，只看現在的樣貌無法了解任何事物。這一點，不僅限於仁和寺而已。

寬廣的寺院境內有許多可看之處，因為這裡也是被指定為世界遺產的寺院，所以應該已經廣為人知才對。我在此不贅述其他，只針對櫻花介紹一些資訊。

這裡的櫻花被稱為「御室櫻」，花期較晚。從二王門踏入寺院境內，走過中門之後，往右手邊抬頭望五重塔並且將視線往左移。大概在四月十日過後，就能看到絕美的櫻花群。

除了花期較晚之外，御室櫻還有一個特徵，就是樹體低矮。這裡有各式品種，而且八重櫻最多。每株櫻花樹都有名牌。在「殿櫻」、「御車返」等風雅的名字當中，最常出現的就是「有明」。一重櫻和八重櫻的花密度較高，盛開的時候宛如雲海。幸運的話，一直到四月底都還能看到櫻花。取名「有明」總是會讓人想在黎明時欣賞它開花的姿態，不過這裡旭日高升才開門，所以未能得償所願。明明有很多寺院都會在夜間打燈，卻沒有一家寺院會在破曉前開放。真希望仁和寺能夠在櫻花季節的時候，特別開放黎明前的時段啊！

不知道是不是我的錯覺，總覺得御室櫻和京都御苑的櫻花色調十分相似。可能是地名讓我有所聯想吧！順帶一提，知名的電機廠商「OMRON」（歐姆龍），因為該公司在御室創業所以才把公司取名為同音的OMRON。知道這些小知識，可以在旅程中增添話題呢！

❀ 御室會館：在世界遺產區住一晚 ❀

話說這座仁和寺，還有很多有趣之處。

有一種名為「御室燒」的陶器，就是從仁和寺的庭院燒陶開始，初代始祖正是以京燒之祖而聞名的野野村仁清。華麗的彩繪確實非常適合京燒這個名字，但並非所有作品都是如此。我在因緣際會下，拜見過非常樸實但卻蘊含無限美感的茶碗。那只茶碗是擁有平衡之美的陶器，讓人不禁感嘆竟然也出自仁清之手。尤其在仔細端詳茶碗時，會發現它閃耀著不可思議的光輝，據說這就是仁清特有的技法。

御室燒是現在仍然販售的陶器。因為是現代陶器，只留下了些許前人的殘影，但在商店販賣的陶器當中仍屬佳作。**「御室會館」**（地圖I）的商店中，有一個名為「仁秀」的品牌。雖然商品可能有所更替，但若有「白雲母」茶碗請務必買回家。這是可以窺見些許仁清風格的陶器，而且一對茶碗只要數千日圓就能買到，實在令人感動。

若要選擇使用後不留下痕跡的紀念品，那麼「御室櫻的櫻花饅頭」或者擁有原創香味的「仁和香」也不錯。

另外，美食也是一大享受。這裡有丼飯和麵類俱全的食堂，上頭印著「仁和寺」的丼飯碗非常有趣，附濃稠餡料的豆皮烏龍麵十分美味。我印象中還有湯豆腐和便當等料理，但不太確定。

不確定還推薦給大家，應該會嚇跑不少人，不過我認為在「御室會館」住一晚也是另一種享受。我通常只推薦自己住過的旅館，所以都盡量避免介紹京都的住宿，但是因為有朋友的強力推薦，所以即便我沒有住過，仍然在這裡推薦大家。

畢竟這裡被指定為世界遺產。能住在這個區域內，而且含早餐只要六千二百日圓，價格十分低廉。據說有電視、空調，連浴衣都有。不像參拜者居住的禪房那樣沉重，可以像住在一般商務旅館一樣放鬆。若是以洛西為據點旅行，這裡的地理位置最好，所以朋友一定會在這裡住宿。如果各位有興趣，務必確認空房並且事前預約。

容我再說說另外一項「美食」。

仁和寺門前有一家叫做「佐近」（地圖I㊱）的店。

以前在河原町丸太町以南也有一家店名相同的餐廳。現在和風與洋食融合已經稀鬆平常，但在二十年前可是非常稀有，所以很多饕客遠道而來。

用筷子吃法國料理，但前菜卻是生魚片，這樣的菜單讓我想起以前常常造訪，曾經有過非常有趣且令人懷念的回憶。留下這些懷舊氛圍的餐廳，就在名刹仁和寺前方。店內有吧檯、一般座位以及包廂，非常豐富。是一間可以應對各種場合的餐廳。

龍安寺：蘊含著四大謎團

西側的賞櫻之路，光是走這一段就能充分享受美景了。如果不習慣走路的朋友可以在這裡止步，如果還想欣賞更多櫻花景致，我建議繼續向西走。無論是嵯峨野、嵐山，都是賞櫻勝地。造訪這些景點，就能充分享受京都的賞櫻之旅。

話雖如此，我突然發現一件事。那就是我竟然跳過了**龍安寺**（地圖I）。從原谷苑直接前往仁和寺，就會漏掉位於東側的名刹龍安寺。說到西側的賞櫻之路，若只是路過這座寺廟就未免太可惜了。這座寺院絕對值得特地回頭造訪。

這座寺院是在寶德二年，由細川勝元[12]親手創建，然而卻在應仁之亂中付之一炬。那可恨的應仁之亂。燒毀京都所有文物的罪過，實在無以復加。京都人用「那場戰爭」來指稱應仁之亂，那可不是在談笑，而是在表達恨意啊！可以想見京都人咬著嘴唇，憤憤地說：要是沒有那場戰爭，很多東西都能保存至今。

龍安寺不斷重建、燒毀的過程，最令這座寺院聞名全國的就是其中的石庭。說到龍安寺，大家就想到石庭。石庭中隱藏著各種謎團，為解開謎團而產生的各種學說不絕於耳。

三面被油土牆包圍，枯山水庭園中只配置了十五顆石頭。該庭園相傳是由相阿彌所打造，但至今仍無定論。石庭被稱為「虎子渡庭」或「七五三之庭」，其中蘊含了四大謎團，且至今懸而未解。

其一是這座庭園的解釋。不到百坪的小石庭中，配置了十五顆石頭，周圍覆滿白砂，究竟代表什麼含意？答案太多，只能任憑鑑賞者恣意想像。

其二是土牆。若這座石庭少了油土牆，絕對會削弱許多韻味。就像掛軸少不了裱褙，繪畫少不了裱框。沉穩的色調，讓白色庭園更顯眼。

其三是作者。方才我提到相阿彌，但還有細川勝元、金森宗和等人皆有可能，但無論是誰都沒有確實的證據，謎團從未解開。庭石背面有刻印，據說刻印的名字當中隱藏著線索，但仍然沒有解答。

其四是庭園的設計。雖然乍看之下很難發現，不過這座庭園地基並非水平，而是有些微傾斜。主要因素雖然是為了排水，不過同時也是利用遠近法讓人形成錯覺的配置。庭園右手邊的油土牆，高度從前方到深處越來越低，這也是與傾斜地勢互相配合的手法。

這座庭園光是這樣就已經很值得一遊，但到了春季又有更華麗的表演，那就是櫻花。

從「方丈屋」看過去是石庭的正面，油土牆的高度和身高略高的男性差不多，油土牆上覆蓋著滿滿的垂枝櫻花，魄力十足。我第一次看到這樣的櫻花時，甚至被它的美感動而紅了眼眶。不過，那也有可能因為當天剛好是平日的一大早，沒有其他遊客吧！在一片喧囂吵雜之中欣賞櫻花和早晨寂靜的環境中欣賞櫻花，是兩種完全不同的情調。如果想要靜靜賞櫻，我建議在一大早剛開門的時候就抵達現場。

龍安寺的櫻花不只如此而已。

方丈屋前的八重櫻花開繁茂，鏡容池映照著櫻花的樣子絕美。然而，其中最極致的景色非「櫻苑」莫屬。這裡和原谷苑的櫻花相比，可以說是有過之而無不及的櫻花庭園。

走在庭園小徑上，甚至會覺得櫻花從天而降，櫻花之路一直往前延伸，無論走到哪裡都是櫻花。

沿著鏡容池漫步，突然想起這座庭園以前曾經是德大寺家的別墅。那些平安時期的貴族們，一定曾經在這座池子裡乘著小船，眺望這片櫻花的景色吧！風雅的庭院搖身一變成為禪寺的庭院，即使如此，這份美麗也從未減少。從西南方越過池塘望向衣笠山，這片景色竟是如此優雅，山景與庭園合而為一，彷彿歌頌著京都的春天。

「幸好沒漏了這座畫龍點睛的庭院！」離開龍安寺時，您一定會這麼想。

乾山窯：追尋歷史軌跡

那麼，讓我們回到原點吧！

離開仁和寺往西前進就會碰到「福王子」交叉路口。從三岔路口南下是往洛中方向，向西走就是往嵯峨野嵐山。對京都人而言，「福王子」這個交岔路口是街道的分歧點。大家都知道從這條路往西北方，就會從栂尾的高山寺前往北山杉的故鄉，也就是古丹波國前進。

從仁和寺的門前出發，建議喜愛仁清，對京燒淵源有興趣的朋友，務必前往一座寺院。這座寺院位於西北方向，名為「鳴瀧之地」。

以前這裡有一座叫做「鳴瀧窯」的窯場。窯場主人為尾形乾山[13]，他是尾形光琳的胞弟。也就是說，他是一名承襲琳派風格的陶藝家。乾山師事前述的仁清，並且在鳴瀧的**法藏禪寺**（地圖H）建立窯場。雖然這裡算不上京都觀光的範疇，卻是絕對值得一去的寺院。

鳴瀧。我藉此機會描述一下地名的由來。

自古以來，這裡就是松樹苗的產地，又被稱為長尾。發源於岡山的御室川，水流到這一帶就會變得湍急，河川的水流聲也很強勁。因為聽起來簡直就像瀑布之聲，所以產生了這個地名。而冠上此地地名的窯場，就是「鳴瀧窯」。命名人正是尾形乾山。

就算是陶藝迷，也鮮少有人知道這座窯場的存在。一切都是因為這座窯場遺蹟位於「法藏禪寺」內，而且完全沒有留下乾山的作品所致。真的非常可惜。

如同我一直強調的，如果只看京都現在的樣貌，就只能了解它一半的魅力。遙想過去的時代，在心裡描繪當時的樣貌，才能展現古都真正的價值。

尾形權平出生在古都和服店「雁金屋」，是這個家的老三，長時間在鷹峯受光悅之孫教導陶藝。權平日後更在嵯峨「直指庵」禪修。兄弟有時在性格上會有強烈的對比，相較於外向的光琳，乾山明顯較為內向，或許就是因為在禪修期間受到影響。

無論如何，從鷹峯前往嵯峨並以西山為據點的權平，在父親死後，於御室建造「習靜堂」隱居，開始悠遊自在的生活。在還未屆三十歲之前就過著隱居生活，和現在所謂的隱居有很大的不同。然而，他並未平淡過一生，因為他邂逅了野野村仁清。

之後，權平長達十年師事仁清門下，終於在這片土地上開設窯場。尾形兄弟二人的金主二条綱平讓出原為二条家別墅的屋舍，讓他在這裡開設窯場。地點位於古都的西北邊，也就是乾位，所以將窯場命名為「乾山窯」，也自號「乾山」。

乾山的名號眾所周知，但其由來卻幾乎無人知曉。如果實際造訪此地，就能有深刻的感觸，絕對難以忘懷。不只地名，就連曠古鑠金的藝術家名諱，都能了解其由來，腦中就能浮現時代的樣貌。京都就是蘊含著如此深奧的樂趣。

乾山在這裡度過一輪十二年的歲月，專心致志在燒陶上，留下非常優秀的作品。最後不知是否因為財政窘迫，乾山移居洛中二条區，在清水一帶借窯場燒製陶器。他和光琳一起製作較容易被市場接受的華麗陶器，就是從這個時候開始。

從壯年期步入晚年之後，乾山移居江戶，也漸漸不再製陶了。

也就是說，不難想像尾形乾山創作力最豐沛的日子，就是在乾山窯的這一段時間吧！造訪鳴瀧的「海雲山法藏寺」時，希望各位能想到這段歷史。

西側的賞櫻之路，要在哪裡結束才好呢？越想越難以決定。若回到「福王子」交岔路口，往西往南就有各種路線。然而，我不想用老套的櫻花結束這段旅程。若是如此，答案只有一個。我們就用櫻花和山茶花競相比美的景色，來結束西側的賞櫻之路吧！

平岡八幡宮：櫻花與山茶花之美

負責守護高雄山神護寺的**平岡八幡宮**（地圖H），相傳是由弘法大師空海從「宇佐八幡宮」請來分靈而創建，在京都是歷史最悠久的八幡宮。

就如龍安寺最知名的是石庭一樣，平岡八幡宮最廣為人知的就是「花之天井」。神殿的天井分成一格一格，上頭描繪四十四種花卉。而且，花之天井不是隨便就看得到，只在特別開放的期間才能參觀。

開放時間大約在三月中旬到黃金週期間。四月剛開始的時節，可以一併看到山茶花與櫻花競相比美的景色，所以千萬不能錯過。

山茶花與櫻花。京都人熟知而且暱稱為「山茶花寺」的地藏院（地圖K），鄰近北野白梅町。五色八重山茶花與垂枝櫻花層層交疊的景色，美得令人窒息。若有機會請務必造訪這座寺院，每年四月中旬左右就能看到山茶花與櫻花同時綻放的美景。

話題回到這座寺院。

從前述的乾山窯、法藏禪寺往周山街道前進約兩公里。徒步約半小時的距離就能抵達平岡八幡宮。從巴士站斜斜切入的小徑上，有一座石造的鳥居。

延伸到石造鳥居深處的參道上，迎面而來的是櫻花。花朵顏色稍淡。看到這種顏色，任誰都會感到不安。大多數的山茶花在初春開花，真正進入春季之後，大多數的花都已經凋謝一地。單是有白有紅的山茶花，落在長滿青苔的石板上也很美，但是總想看看花朵還盛開在枝頭的樣子啊！看著盛開的櫻花，心中掠過一絲不安。

非常不可思議地，這座寺院的山茶花，彷彿配合櫻花花期一樣，同時綻放。從三月中旬到四月中旬，甚至還會舉辦「賞山茶花大會」。

走上名為「山茶花小徑」的散步步道時，就會發現真如其名，無數山茶花正大肆綻放。一株山茶花樹竟能夠開這麼多花，令人驚嘆不已的大量花朵，覆蓋整株樹幾乎看不見枝葉。

還有任誰都會嘆為觀止的垂枝櫻巨木。自洛西吹來的風，搖曳著妖豔的花朵，有時還會落下雪片般的花瓣。在一陣驚嘆之後，會有一段時間每個人都不再發出聲響。那是一場山茶花和櫻花的競賽。

社殿右手邊自生自長的山茶花，據說已經有兩百年的樹齡，寺院境內還種植著許多珍奇的品種。無論雄蕊還是雌蕊根部都呈赤紅色的山茶花、因葉片形狀很像金魚而得名的金魚葉山茶花。每一品種都開著惹人憐愛的花朵。

平岡八幡宮有一個「白玉山茶花傳說」，只要許願之後一天以內白玉山茶花也開花，那麼願望就會實現。這株白玉山茶種在社務所旁，花開繁茂，被命名為「一水山茶」。

這裡還有一個和傳說有關的趣聞。那就是一組二片的繪馬。其中一片畫著花蕾，另一片畫著已經開花的白玉山茶。在畫著花蕾的繪馬上寫下心願並供奉在寺院裡，把開花的繪馬帶回家。待願望實現時，再把開花的繪馬供奉在寺院中。如果距離很遠，寺院也接受用郵寄的方式寄回。成就一願，願望只能寫一個，重點在於不能貪心。山茶花的日文漢字為「椿」，木字邊再加上春天的春。這座寺院再度提醒我們，春天不只有櫻花而已。

順序顛倒了。一般而言，都是先參觀「花之天井」再去「山茶花小徑」散步。花之天井。觀光客會拿到一本寫有花卉名稱的手冊，每個人都會對照天井上的圖案和手中的資料，然後露出微笑。花卉的名字都用漢字標示，然後再附上注音，所以還可以順便學習漢字。

木槿、萬年青、石楠花、素馨等，都是很難寫的字呢！

參拜前有奉茶可以喝，結束後也提供梅子昆布茶。真是件令人開心的事。在這裡時間走得很緩慢，是非常適合春日的悠閒光陰。

北起洛北鷹峯往西南方的洛西梅畑，看地圖會覺得好像走了很長一段距離，不過，櫻花之路還很長！高雄、嵐山以及保津峽。西側的櫻花之路，沒有盡頭。

1 指日本舊時從江戶到京都的驛道（東海道）上的五十三個驛站。

2 出自《日本書紀》中記載的神話故事：天照大神（太陽神）因為弟弟四處搗亂，憤而把自己關在天岩戶裡，使得世界黯淡無光。

3 近代日本庭園的先驅。

4 客席為三張榻榻米，加上一張榻榻米的主人座位。

5 以春分或秋分為準，前後三天為期一週的時間。日本人在此時掃墓，為已故親友祈求平安。

6 本名齋藤福，父親是明智光秀的家臣齋藤利三。後來江戶幕府三代將軍德川家光的乳母，奉命前往皇宮覲見後水尾天皇，得到天皇賜號「春日局」。

7 本阿彌光悅，一五五八—一六三七，江戶時期著名藝術家，為琳派創始者之一。

8 關東稱花魁，官方認可最高地位的藝妓。

9 仿效源氏物語，為女性所取的名字。

10 平安時代初期的歌人。

11 似獅似犬的一對神獸，通常會放在神社或寺院入口。

12 室町時代末期人物，室町幕府管頭，因足利家督繼承問題，最終與山名宗全發生衝突，爆發「應仁之亂」。

13 「乾山」為名號，姓尾形，名惟允，通稱權平。下文以「權平」稱之。

第三章
春季的味覺饗宴

春季才吃得到的京都美食

建仁寺祇園丸山：櫻花諸子魚

在京都，說到春季美食，一是竹筍二是諸子魚。在日本，一到春天到處都吃得到竹筍，但諸子魚就不一樣了。而且，這是在其他地方少見的食材，可以說是琵琶湖的特產吧！諸子魚是一種淡水魚，從冬季到春季之間最為鮮美。

因為是鯉魚的一種，所以是白肉魚。若要形容大小，約莫像大拇指一樣粗，和中指差不多長。非金非銀的鱗片閃閃發光，和夏天的香魚相比，有過之而無不及。

正式名稱為本諸子魚，是琵琶湖的特有種，在春季產卵，經過半年之後就會長到可以食用的大小。在昭和末期曾經有超過二百噸、近乎三百噸的漁獲量，但進入平成年（1989）之後，漁獲量銳減，近年幾乎沒有超過十噸。

漁獲量銳減主要肇因於外來魚種。若被黑鱸魚和藍鰓太陽魚等凶猛的魚類攻擊，柔弱的諸子魚根本無法抵禦。因為這樣，我曾經在拙作當中呼籲，食用黑鱸魚也是一種驅除外來魚種的方式。為了保護諸子魚，我希望能開發出更多黑鱸魚的菜單。

已經有很多釣客執行「琵琶湖規則」。釣上來的外來魚種不放生，一定帶回家處置。為了將這個理念普及，偶爾會舉辦活動，用釣起來的外來魚種交換贈品。為了讓原生種的魚群有安寧的生活，大家紛紛想出新點子努力維持生態。

琵琶湖每個區域都可捕獲諸子魚，但最肥美的諸子魚在湖東，也就是近江八幡外的沖島周邊。因此，**建仁寺祉園丸山**（地圖J㊲）只用沖島產的諸子魚。關於沖島的細節，留待近江篇章（第四章）詳述。

享用日式料理最好坐在吧檯，但像「祉園丸山」這種高級料亭，是在座位上用餐。一般日式料理和高級料亭各有特色，可依照情況選擇，而兩者最大的不同之處就在於是否在顧客面前製作料理。一般而言，在高級料亭當中，除了火鍋類以外，餐點都是在拿到餐桌上時就已經完成。雖然這樣也很好，不過因為最近流行當場表演的日式料理，越來越多顧客希望能在眼前仔細欣賞廚師料理的過程。「祉園丸山」彷彿是回應顧客的需求，十分用心地嚐試結合高級料亭與現場表演的優點。

譬如春天的諸子魚，必須用炭火烘烤。如此一來，勢必會產生煙霧。對於精緻的木製茶室而言，面對煙霧可是如臨大敵。這間店預想到會有這種情形，所以在緣廊保留可用炭爐的空間。京都的高級料亭，不可能拿出廉價的炭爐。因此，店裡準備的是可以讓客人欣賞，甚至可視為高級器皿的炭爐。

建仁寺祉園丸山

在料亭的座位上，等待炭火烤熟諸子魚。用古語來形容的話，可以說是極盡豪奢。烤得恰到好處的諸子魚，請沾上山椒風味醋享用。雖然也可以沾醋味噌，但若想感受春天氣息，最好加點山椒的香氣。

微焦的諸子魚以及山椒。口中吹起一陣春風。這陣風一定從琵琶湖越過一座山吹向洛北，最後抵達祉園。

從寒諸子魚到櫻花諸子魚。春季的些微變動，也會讓近江的魚跟著變身。在「祉園丸山」甚至還有諸子魚酒。真是名副其實的諸子魚全餐啊！

春日微苦。諸子魚內臟的微微苦味和山椒葉青澀的苦味，在口中融合。從近江到京都，春季緩緩走來。

晦庵河道屋：春季的雙人火鍋「芳香爐」

火鍋是冬季的料理。會有這種刻板印象，應該是受到空調設備尚不發達時的影響吧！我很喜歡火鍋，所以就算正值酷暑，每週也至少要吃一次，否則就會覺得全身不舒坦。看著火鍋冒上來的蒸氣，伸出筷子夾菜真是一大享受。

就連在夏天都這麼愛吃火鍋了，更何況是寒冷的早春，簡直就是吃火鍋的最佳季節。早開的櫻花，花蕾才剛要綻放，此時覺得春天終於來了，卻又馬上變冷，花又不開了。最適合這段時間的料理，就是晦庵河道屋（地圖G㉛）的「芳香爐」。

這是京都的老字號蕎麥麵店。地點鄰近三条區。必點的料理是根據季節變換的蕎麥麵，在這間店就算只吃蕎麥麵也很享受，但若能在座位上圍著本店原創的「芳香爐」，會讓京都之旅更增添一層韻味。

在吃完華麗清爽的高湯搭配色彩豐富的食材之後，還有蕎麥麵和烏龍麵呢！說到火鍋，往往都會把目光集中在大量的食材上，然而「芳香爐」卻讓我明白，真正重要的是火鍋湯底。因為這是蕎麥麵店的火鍋啊！京都的蕎麥麵，高湯比麵重要。使用蕎麥麵高湯的火鍋，絕對不可能太難吃。和食材一起烹煮當然美味，但是真正能夠發揮高湯本領的，莫過於最後的烏龍麵。

充滿雞肉、鮮蝦、豆腐蔬菜丸等食材甘甜的高湯，加上京都特有的柔軟烏龍麵。總而言之，京都的麵類不追求彈牙。柔軟飽滿的口感，越嚼越能品嚐高湯的

晦庵河道屋

鮮甜。春天的火鍋，和從北國遠道而來的昆布風味十分相襯。

WARAKU：必點鐵板燒

在拙作中經常出現的餐廳「洋彩 WARAKU」，於二〇一〇年開設新分店四条柳馬場店（地圖 G ㉝）。地點為於洛中正中央。而這間店最大的賣點就是鐵板燒。

近年來，鐵板燒餐廳倍增。因為長期經濟不景氣，包含一些已經轉型的正統法國餐廳，以不需要主廚也能簡單料理的方式，大幅拉低來客單價。餐廳定位在大阪燒以上，飯店鐵板燒未滿的階段。

如果是在家裡用鐵盤烤也能輕鬆做出差不多的料理，那就根本不需要這種餐廳啊！要是有一間餐廳，使用鐵板而且還有熟練的主廚現場表現廚藝，我才會想去。WARAKU 就是屬於後者。

這間店絕對不會用粉類的產品來濫竽充數。可謂正統的鐵板燒。無論是肉類、海鮮，都是用吧檯邊的鐵板料理。

其標語「大口喝酒」（ガブ飲みワイン）所言不虛，整瓶氣泡酒的價格為二千八百日圓起。單杯紅酒一杯五百日圓。我平常的步調都是喝完一瓶氣泡酒，再來兩杯紅酒，只要三千八百日圓就能紮紮實實地喝醉了。看菜單就知道，如果是要好好用餐，一個人大約花五千日圓就能飽餐一頓。在四条這一帶，這個價格可以說是非常便宜。當然，這也和食材內容有關。

「洋彩 WARAKU」四条柳馬場店

若是一、二人的話，坐在吧檯的座位，仔細欣賞料理過程也是一大享受。和現場表演的日本料理一樣，貪吃的饕客可以享受近距離觀看料理過程的樂趣。就算不是自己點的餐也沒關係。我們總是想看食材變成珍饈的樣貌啊！如果座位離鐵板很近，還能聽到食材滋滋作響的聲音。

然而，這間店不是只有這樣而已。

開放式廚房的深處還另有廚房，那裡也有廚師備戰。從生鮮到油炸、燉煮，菜單網羅大多數的料理，顧客點餐後，就會飄出各種香味和料理時的聲響。這又是另一種享受了。

譬如在晚冬的某個夜裡。各種前菜陸續上桌，有帶殼的生牡蠣、烤魚膘、鴨肉搭配九条蔥的義大利麵。從氣泡酒到輕巧紅酒，可以在此享受一段愉快的晚餐時光。

這一餐的尾聲可以選擇蛋包飯或者「海鮮陶鍋飯」，雖然難以抉擇，但我建議選總店沒有的陶鍋飯。

若要用言語形容的話，這道菜就像是把馬賽魚湯裡的好料統統加在一起。熱騰騰的湯，飄散出番紅花的香味。充滿活力的餐廳，總是讓人很放鬆。這時候，我才發現寬廣的店內早已經坐滿人了。不知不覺都快聽不見身旁的聲音，這間店總是擠滿人潮啊！像這樣充滿歡笑的餐廳，必定美味。

衣笠北天神森町：烏龍麵攤

「路邊攤」是屬於春季的單字。雖然這是我自己想法，但是春天的夜晚真的和路邊攤很相襯呢！

很多人認為路邊攤是冬季特有詞彙，大概是受到演歌或者《漂流武士》短劇的影響吧！

——立起大衣衣領的上班族，揭開路邊攤的門簾。

「歡迎光臨。」

面無表情的大叔小聲地說。

「來一壺熱清酒。然後隨便幫我配一些關東煮。」

男人正要脫下大衣，瞥見坐在角落穿著和服的女性。

「妳喝太多了吧！」

大叔對著一口飲盡整杯酒的女性說。

「沒關係啦！人家今天就是想喝個爛醉嘛！」

女人把和服的衣領向後拉低。

「喝太多對身體不好喔！」

男人為自己倒酒，看了女人一眼。——

大家一定都會在腦中浮現這種場景，所以才會認為路邊攤是冬季特有的詞彙吧！

我自認熱愛路邊攤不落人後，每次到各地旅行，只要聽聞有路邊攤，我都會排除萬難去嚐鮮。博多就不用說了，高知、廣島的吳市、小倉，我馬上可以想出十家好吃的路邊攤。

各位可能會覺得意外，京都曾經是一到夜晚就隨處可見攤販的路邊攤天國。

地點位於衣笠北天神森町。說得更淺顯一點，就是金閣寺以南、平野神社以北。再說的仔細一點，就是在北野天滿宮的西北方。

位於洛中，這三個知名景點中的霸主形成金三角，攤販就位於正中心。一過晚上十一點，就開始出現路邊攤。

這個路邊攤的關鍵字是「夜櫻」。

春日夜晚。深沉寧靜的歸途裡，猛然抬頭一看，土牆上被春風搖曳的垂枝櫻花，震攝整片夜空。二片、三片的櫻花花瓣落下，漫天飛舞。

我很喜歡這樣的夜櫻。

交岔路口的東南方有一間銀行，那裡的停車場上會出現攤販（地圖D⑩）。從我還是學生的時候開始，不只地點沒變，就連湯頭、配菜都沒變過。這些店家從未改變，一直守護著令人懷念的烏龍麵口味。

儘管我這麼說，路邊攤的大叔應該完全沒有背負這種重擔的感覺吧！他只是稀鬆平常的把麵丟進滾水裡燙熟，然後熱一下高湯，準備配菜。和三十年前一樣，完全沒變。唯一改變的，應該是大叔的頭髮。

豬肉烏龍麵雖然好吃，但是春天這個季節實在很難不點月見烏龍麵啊！路邊攤烏龍麵特有的甘甜高湯上，搖搖晃晃的雞蛋，蛋白才剛開始凝固。就像讚岐的釜玉烏龍麵一樣，味道並不濃重，宛如朧月夜的朦朧滋味，沁人心脾。

正如我剛才提到的，路邊攤的烏龍麵，通常湯頭都比較鮮甜。就像當季的魚特別肥，路邊攤烏龍麵一定會把這份甘甜味轉化成美味。

雖然說是路邊攤，但菜式非常豐富。豆皮、天婦羅、豬肉、還有咖哩。我每次都想早晚有一天要吃咖哩口味，但目前就剩咖哩口味還沒吃過。因為每次都敗給附近飄來的高湯香味，最後還是沒點咖哩口味。春日良宵。欣賞夜櫻之後，來碗咖哩烏龍麵，也別具風情啊！

這裡的店家沒有名字。只要說「衣笠的烏龍麵攤」，幾乎所有計程車司機都會帶路。

燕庵：日式宅邸裡的中華料理

在出乎意料的地方隱藏著名店，這就是京都。洛北下鴨的高級住宅區裡，夾在豪宅之間的隙縫當中，宛如尋常宅邸的餐廳就是蕪庵（地圖B④）。在京都可以說是老字號的中華料理名店。

只要是京都人，應該至少都來過一次。因為各類婚喪喜慶或者稍微正式一點的宴會都經常在此地舉辦。而大部分的京都人，都因此而認定「蕪庵」是適合多人前往的餐廳。

細心維護的日本庭園中，矗立著古風宅邸。在裡頭享用中華料理，我認為非常適合京都的春日之旅，所以介紹給各位讀者。

午餐還是晚餐好呢？我推薦能夠一邊眺望庭園一邊大啖美食的中午時段。欣賞完下鴨神社的櫻花之後，沒有比這裡更合適的餐廳了。

因為是在座位上享用中華料理，所以只提供桌菜。價格從六千日圓到二萬日圓都有，不過光是六千日圓的午餐就已經很美味了。

蕪庵

就坐之後會先送來和店名有關的蕪菁乾與茶水，此時可以趁機悠哉地眺望庭園景色。

第一道菜是「蕪庵」的名菜——中國風生魚片。雖然中國沒有吃生魚片的習慣，但在店主人的創意發想下，誕生這道菜。不知道是幾年前，店裡的人曾經告訴我這件事。現在，中國風的生魚片已經不稀奇，但在當時可是蔚為話題。就連不喜歡生魚片的祖父，都笑著動筷子吃這道菜呢！

鮑魚湯，這也是一絕。相較於有嚼勁的魚翅，鮑魚有著濃厚的湯汁精華。一樣都是蠔油調味，風味卻大不相同。像我就是鮑魚支持者。我深信無論是壽司還是中華料理，都沒有一樣食材能贏過悉心烹調的鮑魚。

接著是炸蝦天婦羅，這是廣東名產。裹著蛋白麵衣的鮮蝦，只用鹽調味就已經很美味，但要是再加上辣味醬油、滴一點醋，味道就會更加濃郁，請各位務必試試看。

加入雞肉和菇類的清爽炒青菜、糖醋咕咾肉，陸續上桌。「大阪王將」的糖醋咕咾肉雖然也很好吃，但一邊欣賞庭園美景一邊享用糖醋咕咾肉，味道總是更上層樓。我想，之所以能夠感覺到「京都」氛圍，應該是地點為佳餚施了魔法吧！

最後是炒飯和蔬菜湯。味道和份量都令人滿足的中華料理午餐。與其在不上不下的日本料亭，吃著徒具形式的京都料理，還不如選擇京都特有的中華料理。我尤其推薦已經來過京都的人前往用餐。

辻留、菱岩、三友居：賞花便當御三家

說到賞花就想到便當，說到便當就想到賞花。春天的櫻花和便當，有著剪不斷理還亂的關係。雖然都是便當，但有在料亭享用的，也有在便利商店或百貨公司地下美食街的熟食便當。除此之外，還有自己親手做的便當。無論是誰，都會在打開便當蓋的時候，露出微笑或者興奮吶喊。

便當本來是在郊外享用的東西，不過那也僅限春季和秋季。在春季的彼岸節左右是便當季節的起點，而秋天可以說是便當季節的尾聲。然而，隨著時代不同，飲食習慣

也大幅改變。集結懷石料理精髓的便當，是料亭或日式料理餐廳中午時段最受歡迎的料理。

就算冷掉也很美味，這是做便當時的基礎概念。也因此，便當料理的調味會比較濃。這種調味的分寸很難掌控。調味過頭和調味太淡都不合格。已經習慣平時調味的料理人，通常都會犯下這樣的錯誤。楓紅時節，我硬是央求知名料亭特製便當，結果卻太鹹。果然，術業有專攻啊！如果是專門做外賣生意的店家，肯定可以準備口味恰到好處的便當。

✻辻留：裏千家御用店的賞花便當✻

在京都如果說到便當，大概沒有其他店能出其右。完成度非常高的便當，不僅外觀華麗同時也很美味，吃完之後會覺得心滿意足。「辻留」是裏千家御用店家，料理富含茶道精神卻又不失華麗，可以說是無可挑剔。

這幾年，我都在這家店預定年菜。當然，家人和女兒用心準備的年菜也是精緻的宴席料理，但兩者還是有所不同。滿滿的豐盛年菜，實在難以被取代。要是少了這家店的年菜就過不了新年，現在儼然已經是我們家的規矩了。

除夕當天的中午左右，我前往位於三条花見小路東的店裡取菜，在沒有空調的大門外度過新年。隔天就是新的一年了。我家固定中午吃自己做的年菜，晚上就吃「辻留」（地圖F⑰）的料理。

雖然是常見的年菜，但每年我都抱著嚐鮮的心情享用。雖然完全沒有華麗的料理，但是那令人想好好品嚐的味道，總是滲入我心靈深處。

味道和年菜如出一轍的賞花便當，需要事先預約，然後再自己抓時間去店裡領取。

✻ 菱岩：有如櫻花灑落的賞花便當 ✻

在京都賞花最適合搭配「賞花便當」，而且最好是坐在鋪著羊毛氈的木製平台或者長椅上享用。坐在藍色塑膠墊上，吃著便利商店的下酒菜，然後被烤肉碳火燻得煙霧迷濛，簡直扼殺眼前美景。如果是堪比櫻花灑落的「菱岩」（地圖F⑱）賞花便當就無可挑剔了。便當裡充滿料理人精確的廚藝和匠心獨具的巧思。

既然有名到這種地步，應該會想要將店面改成不只能做外賣的餐廳才對。若是開業必定會高朋滿座，但這間店始終堅持傳統，店主人繼承原有的樣貌繼續經營，完全沒有改變模式的想法。

「菱岩」的便當，無論是誰、無論什麼時候吃都很美味。菱岩的便當可以說毫無瑕疵。讓你完全沒得挑剔「如果飯改成這樣更好。」或者「配菜的調味可以改成這樣。」

菱岩

掀開白木製的便當蓋，眼前展現的是完美的料理。便當盒裡裝載滿滿的極致醍醐味。

✻三友居：獨有風情的竹籠便當✻

另外一間是以茶會聞名的「三友居」（地圖A①）。店名出自唐代詩人白居易的《北窗三友》：「琴罷輒舉酒，酒罷輒吟詩。三友遞相引，循環無已時。」

這間店的竹籠便當和一般的木盒便當有不同風情。用竹編的竹籠有許多留白之處，可以容納春日的氣息。輕巧的便當，可以說是「三友居」一枝獨秀的特點。

在京都訂賞花便當，最好選擇不會出錯的店家。若是如此，「辻留」、「菱岩」以及「三友居」，只要記得這三家店即可。如果有常去的日式料理店或者料亭，也可以請店家特製便當，但若不是真的很有交情的店家，可能只會買到一個草草敷衍了事的便當。在京都，就算是第一次購買的客人也能買到正統便當的店，我只知道這三家了。

RISTORANTE ORTO：巷弄中的義大利餐廳

據說有「京都義大利料理」這個新詞彙。無論什麼東西都加上一個「京」字就能大賣的風潮，從這個詞彙就可以看出有多極致。之後一定也會冒出京都法國料理、京都中華料理之類的詞彙吧！想到這裡就覺得莫名的鬱悶。雖然我覺得不需要消費京都到這個地步，但應該也是因為有需求所以才產生的現象。使用一般人平常使用的京都蔬菜製作義大利料理，似乎很受歡迎。

在地下鐵烏丸線的「烏丸御池」附近，一條車子不知道過不過得了的狹窄巷弄裡，有一間名為「RISTORANTE ORTO」（地圖G㉞）的義大利餐廳。地點實在很有京都風格，而且不是「京都義大利料理」這種半開玩笑的店，而是非常正統的義大利餐廳。

鰻魚窩，指門面不大但很狹長的店。這裡沒有吧檯座位，全部都是桌椅席。主要都是供兩人對坐的座位。我很喜歡鋪著白色桌巾，排列整齊乾淨清爽的配置。

ORTO在義大利文中意指菜園。餐廳的菜色也不辱其

RISTORANTE ORTO

名，提供使用大量蔬菜的義大利料理，口味十分清爽。

據說完全不使用肉類和魚類的義大利版素食料理非常受歡迎，但是我不是這麼虔誠的人，所以還是希望至少有一道肉。小牛肉、伊比利黑豬、鵝肝，依照季節會有不同的菜單，但我最喜歡的是「鴨肉漢堡」。濃醇的甜味，在舌尖上清爽地化開，我就是被這不可思議的好味道深深吸引。

氣泡酒和義大利麵俱全，價格從四千五百日圓起，而午餐時段只要二千日圓就能開心享受正統的義大利料理。

大市：鱉肉火鍋與湯底粥

精華這個單字，不知道是不是已經變成死語了。這個詞的意思應該是指濃縮之後的東西才對。健康食品上記載添加某某精華，可能會讓人覺得很可疑。不過在我記憶中最令人印象深刻的就是「鱉肉精華」。感覺這種精華好像有點猥褻，不過相對的有不少男男女女都希望在最後的晚餐吃鱉肉。無論如何，鱉可以說是「生命」之源。

那是泡沫經濟末期的事情了。我在某出版社的邀請下，和總編輯（男性）二人前往「大市」（地圖K㊳）。

因為我就住在京都，所以當然聽過這間名店，只不過這裡的價格可不是隨隨便便就吃得起的，而且也沒有特地去吃的理由。因此，當時是第一次去「大市」。

菜單只有「鱉肉火鍋」這一項。可以另外點的東西只有飲料。我們先點了啤酒。之後配著生薑燉煮肝喝了一、二瓶日本酒。最後，鱉肉火鍋才終於登場。

這裡有歷史悠久的座位、經驗老到的服務人員，而且用具有年代感的鍋具盛裝鱉肉，在滾燙的湯汁裡煨煮。

一般說到火鍋料理，通常會連瓦斯爐一起上桌，加上裝滿食材的菜盤、醬汁、辛香料、調味料，餐桌變得熱鬧非凡。然而，「大市」完全沒有這種雜亂的感覺。簡單就是極致。

總編輯剛好是個不太會喝酒的人，只沾了一點酒，臉就和鍋底一樣泛紅，而且還一直盯著鍋裡翻滾的鱉肉。在四疊半的座位上，兩個男人隔著鱉肉火鍋面對面坐著。旁人看起來真是詭異到極點啊！

說到鱉肉火鍋，乾淨的完全沒有放入其他食材。如果你認為這間店的鱉肉火鍋是屬於火鍋料理的一種，進到店裡之後一定會很意外。

世事變化得很快。我猜想當年「大市」的鱉肉，其實近乎日本料理中的湯品。沒有八寸壽司、生魚片、下酒菜等其他料理，就像海源雄山主持的「美食俱樂部」一樣[1]，是一間專門享用終極美味湯品的餐廳。

這樣的美味，豈是半調子的美食報導人，用一句簡單評論就能形容？如此被神格化的料理，我還沒見過第二個。比起壽司名店「數寄屋橋次郎」[2]的壽司，鱉肉火鍋還更具有魅力。

大市

極致純淨的火鍋，我們決定再點一鍋。顧客一開始看到上桌的火鍋，會驚訝：「咦？

就這樣？」但是吃過一次之後，就會放心了。

再度品嚐火鍋，我的味蕾不禁驚嘆，味道竟然變得更濃郁。比我想像中的味道還要更香濃。就像我一開始寫到的精華一樣濃醇，連鹹味也一起變重。餐後我詢問店家，店裡的人表示那是來自鱉肉的鮮甜。

我理想中的夢幻美味是這樣的：剛開始我還是想要來一份八寸壽司。配合季節，端上五道下酒菜。接著，用味道極為淡薄的鱉肉湯當做湯品，鱉肉湯的味道必須清淡到幾近白開水。之後，再來一、二塊炸雞，佐大量的辣味蘿蔔泥。接下來就是壓軸登場——鱉肉火鍋。如果可以的話，最好再搭配迷人的紅酒。最後，用湯底煮粥畫下句點。

我一邊想著不切實際的夢，一邊大啖第二鍋鱉肉，一路吃到最後的湯底粥。

此時，總編輯已經徹底醉倒，做著似我非我的大夢。完全把服務人員交代的注意事項當作馬耳東風。

總編輯大談雜誌的未來，而我則繼續聊我的夢想。接著，就在認為差不多該享用湯底粥時，二人都用湯匙刮了鍋底，我想應該每個人都會這麼做吧！就在此時發生了一件事。

宛如發生暗殺事件的松之廊[3]，外頭響起窸窣的腳步聲，服務人員拉開日式紙門。

「剛才已經跟您說明過了吧！千萬不可以刮到鍋子啊！鍋具要是破了怎麼辦？養鍋養到現在很不容易啊！」

因為氣喘吁吁而肩膀跟著起伏的年長服務人員，斜視著我們兩個人。她應該想狠狠地瞪我們，但無奈礙於我們是花大錢來用餐的客人只好作罷。這已是她用盡全力的抗議了吧！

我終於想起在美食漫畫裡有提過這件事。這種鍋子是使用焦煤，在超高溫之下燒製而成。無法撐過高溫燒烤的鍋具會碎裂，而這間店使用的鍋具都是在高溫之中殘存下來的精品。我們餐桌上出現的鍋具，也是經過這樣的製作流程吧！

雖然我已經知道製作不易，但我還是不能理解服務人員竟然訓斥花大錢來用餐的顧客。

儘管我覺得很不甘心，但還是必須說這裡的湯底粥格外美味。我吃過各種火鍋料理，並且在最後煮成湯底粥享用，但從未有其他火鍋能出其右。就算是專家烹調的火鍋也一樣。無論是哪種火鍋，最後的湯底粥都沒有這家好吃。我開始有點理解為什麼最後的晚餐要選這家店的火鍋了。

如果可以的話，我希望能和陪伴我走過大半輩子的伴侶，一起品嚐這道火鍋。我甚至覺得：這家店的鱉肉火鍋應該就是為了這一刻，而像不死鳥一樣奮鬥至今吧！

春季。櫻花盛開、凋落。我們總會想仔細欣賞那段過程。然後，將之對照二人的人生。櫻花已經綻放，之後就等待它慢慢凋謝，完全不會有一絲絲悔恨。「大市」之所以會一直存在，或許就是為了讓二人去確認這段過程吧！像這樣能夠窺探人生深處的火鍋，付出二萬數千日圓也不覺得可惜啊！

祇園喜鳥：正統中華料理

有一條小巷，我戲稱它是「京都的江戶前壽司通」。那是從四条花見小路南下的第一條小巷，位於花見小路以西。

「壽司MATSUMOTO」、「祇園松田屋」，在京都說到江戶前壽司，就會先想到這兩家店。這兩家店位於小巷的南邊，互相隔著一小段距離。

「祇園喜鳥」（地圖F㉒）。看店名可能會認為是賣雞肉料理的餐廳，其實也沒錯。這間店以前的確是雞肉料理店，但現在變成中華料理餐廳。

離「一力亭」[4]很近的這一帶，為了維護景觀所以規定很嚴格，就算是店名也不能輕易更改。

我稍微換個話題。所謂中華料理，不同於和食與西餐，飯店的中華料理總是略勝其他料理一籌。不需舉出「大倉飯店」的「桃花林」為例也知道，和一般的店家相比，飯店裡的中華料理大多都很美味。

這間「喜鳥」的料理長也是飯店出身。應該是因為他擁有取得稀有食材的通路吧！無論是魚翅、鮑魚乾，食材的美味都不同於他人。

日本料理著重新鮮度，而中華料理則注重熟程度。根據乾燥後的食材熟程度，會加重本身的甘甜口感。海參、燕窩都是乾燥食品。調整乾燥食品泡開的程度，也要靠主廚的技術。

佇立於京都的中華料理。如果可以的話，當然會想品嚐正統的料理吧！那麼，來到「喜鳥」就能達成這個願望了。

祇園喜鳥

四富會館、RIDO美食街：古都的魔王迷宮

對京都的酒鬼而言，有兩個堪稱魔王迷宮的危險區域。一個是鄰近京都車站的**RIDO美食街**（地圖L㊵），另一個是鄰近四条通的**四富會館**（地圖G㉜）。兩者長年以來都是少數風雅之士才會造訪的聖地，但近幾年產生了一些變化，就算是到京都旅遊的人也能輕鬆前往。話雖如此，這裡的店家有別於京都優雅的印象。對於第一次來京都的人而言，可能會覺得很震驚。希望大家在去之前先做好心理準備。

沿四条富小路向北走。在曾經以廣東料理聞名的名店「大三元」對面，從以前就有這家「四富會館」。在小孩的心裡這也是一家很可疑的餐廳。究竟這裡是什麼樣的一家店？會和什麼人一起去？這裡飄盪著不能問父母的詭譎氣氛。紫色的看板上面寫著的「小酒館」文字顯得扭曲怪異，還有不明所以只寫著「39」的黃色燈飾。我記得這家店的招牌料理是咖哩和咖啡，當時，咖啡只要三十九日圓。

時光荏苒，現在已經是平成年了。我聽到好評，前往造訪「三輪車咖啡」。如名字所示，是一間越南風格的咖啡廳。我趁著醉意進入店裡，被穿著越式旗袍的媽媽桑迷倒，害我完全不記得發生了什麼事。我連喝了幾杯湄公河牌威士忌都忘了。但是，我確實記得這間店很舒適。不過這間店已經不復存在了。

RIDO 美食街就是這樣的地方。我只記得我走進了一家「老頭和老太婆 DOS」這種

四富會館

奇怪的店，之後發生什麼事就全忘光了。我記得吃了塔帕斯等美味的西班牙料理，還喝了瓶子上有牛圖案的紅酒。

光是在京都有這種宛如高架橋下雜亂的美食街這一點，就已經很令人高興了。飲食文化越多元，就表示越有深度。我希望「四条」和「京都」車站，這兩處的美食迷宮，能一直經營下去。

泡沫（うたかた）：京都風格的酒館

洛北紫野，基本上是一個屬於白天的城鎮。到了夜晚，大多數的店家都關門了，只有住在當地的人會去常光顧的店裡，和熟客們一起喝一杯。這裡有很多類似的店家。祇園、先斗町就不用說了，我連宮川町、上七軒的店家都去遍了。如果想改變路線，到有京都風格的華麗酒館喝一杯的話，我知道一家很適合的店，那就是「泡沫」（地圖C⑤）。

如果是敏銳一點的人，完全不需要詳細調查，光是聽到地點和店名，就會穿上鞋子準備出發了吧！

這裡的菜算不上正統的日本料理，但若說它是居酒屋也未免太失禮。用以前的說法，應該算是「小料理屋」吧！用刑警日劇裡的一幕來形容最容易理解。

結束一天工作的刑警，揭開門簾進入經常光顧的店。雖然以吧檯座為主，但店內也有空間較小的一般座位。而且，穿著和服的老闆娘會前來招呼客人。只要想像成這種店就可以了。

菜單上有暖胃暖心而且不傷荷包的料理。從萬菜[5]風格的小菜、生魚片到類似創意料理的菜都有，品項非常豐富。

尤其店裡擺設是一大佳作。從踏進玄關的一瞬間，到入座、眺望庭院，皆徐徐展現京都本色。內部裝潢和現在的偽老宅涇渭分明，品味精確度和洛中的日本旅館相比毫不遜色。

現在的祇園已經變得不像祇園，反而在這種地方能感覺到過去祇園的氛圍。雖然我已經有一段時間沒有光顧，不過相信這裡應該也會一直維持原樣。我推薦討厭虛假古宅的人，務必造訪這家店。

KORONA的回憶：充滿春日氣息的雞蛋三明治

雞蛋三明治是屬於春季的詞彙，一直用到初夏也可以。雖然這只是我自己的想法，不過鬆軟的黃色雞蛋，外觀和油菜花或蒲公英很像，都會讓人聯想到春天。而且，我也覺得味道非常適合春天朦朦朧朧的氣氛。

坐在鴨川的堤防上，打開包裝，大口咬下雞蛋三明治。幸福的時間就停在這一刻。

從JR「京都」車站到市內各地都有分店的京都人御用店家——志津屋（地圖L㊴），這家店的雞蛋三明治非常好吃。鬆軟而大量的金黃色雞蛋，多到從麵包裡蹦出來，光看就覺得好幸福。

從前，若是再更往巷子裡走，就會遇見更上一層樓的幸福。

昔日的「KORONA」傍晚才開始營業，所以很遺憾不能在藍天下享用，不過以前在要去喝杯小酒之前我都一定會在這裡用餐。傍晚五點第一個進店，速速吃完再速速移到下一家店。我以前一直都這麼做。

然而，那已經是無法實現的夢了。二〇一二年二月，很令人惋惜地，「KORONA」已經結束營業。

如果我記得沒錯，在我還是學生的時候，也就是約莫四十年前，這家店從那時候開始就一直沒變。從昭和中期開始，時間就像停止流動一般，就這樣佇立在那裡。當時是個大叔的主廚，已經高齡超過九十歲，店裡還是像以前一樣。話很少的主廚靜靜地甩動平底鍋，煎出歐姆蛋夾在麵包裡。

雖然「志津屋」的歐姆蛋也多到從麵包裡蹦出來，但是這間店的雞蛋三明治更厲害。摺疊好幾層的歐姆蛋很蓬鬆，體積是被切成三角形的麵包的五倍。一口咬下，這滋味只能用美味形容。就算是一百個人來吃，都會有一樣的感想吧！看著高齡的主廚輕巧地煎著蛋的樣子，應該所有人都曾經掠過一絲不安吧！不過，撫平所有人不安的美味，讓大家都不禁展露出笑容。「KORONA」就是這樣的一家店。

快速吃完四塊三明治，速速離開。正對面是拙作中曾經介紹過的料理屋「月村」。我平常習慣好好地坐在這裡喝酒。飲酒前必吃的雞蛋三明治，我已經無法再品嚐這份好味道了。

HAFUU（はふう）：炸牛排三明治

炸物三明治也是初夏的季節語彙。

綠意萌芽、萬物生命力正盛的初夏，剛好適合搭配炸牛排三明治。京都人一定都嗜吃牛肉。無論是壽喜燒還是咖哩、油炸料理都以牛肉為首選。鄰近近江、丹波、松坂等知名牛肉產地雖然也是理由之一，但是京都人一反調味清淡的印象，其實喜愛濃醇的味道才是真正原因。因此，比起炸豬排，京都人更喜歡炸牛排，炸物三明治當然要用炸牛排。現在京都最好吃的，就是「HAFUU」（地圖G㉘）的炸牛排三明治。

「柔嫩」一直都是形容食物美味的詞彙，我想這個用法應該起源於肉類，不過美食節目的報導人不管吃到什麼料理，幾乎第一句都會說：「好嫩！」如果是肉類的話還能理解，但是就連吃壽司、吃蔬菜，最後連吃豆腐都會用「柔嫩」來形容。

哪有豆腐不柔嫩的啊？我實在很想用大阪腔吐槽這些人。然而，有一種食物，即便是我都會大喊：「好嫩！」那就是另一家店——「舞泉」的炸物三明治。

當然，這裡的炸物三明治也不是用炸豬排，而是炸牛排。牛肉還是比豬肉硬了一點。在牛排店外帶的高級貨是不是也是這樣我就不清楚了，但是平常吃的炸牛排三明治口感都很有嚼勁。也就是說，對京都人而言，炸物三明治就是要大口咬而且口感很有嚼勁的食物。

我在東京車站的小店裡買好，第一次在新幹線裡吃「舞泉」的炸物三明治時非常震撼。就好像你本來以為自己舉起一顆保齡球，但其實卻是一顆氣球一樣，那種借力使力的輕巧感。明明是紮實而有厚度的炸牛排，但是咬下時的觸感卻很鬆軟。幾乎令人驚訝到懷疑這是不是絞肉肉排。當然，這種口感也很美味，一直到現在我只要看到都會忍不住買來吃。果然，吃炸物三明治就是要享受這種肉汁汩汩流出的味道啊！

喜幸：豆腐與川魚

我盡量避免用居酒屋來稱呼這間店。「喜幸」（地圖F㉕）應該稱呼為酒肆比較恰當吧！

豆腐、川魚，這些基本款都很好吃。而且，美味的原因非常明確。豆腐由店家後面的豆腐店製作，川魚都是店主人在鴨川捕獲的。也就是食材源頭非常明確的意思。地產地銷，好像在哪裡聽過這句話，每家店都高喊這句標語似乎是最近的潮流。然而，實際上的情形卻不見得如此。

這家店佇立在高瀨川的細小流水邊。

以精通美食而聞名，人生豪放磊落的作家，在這家店裡留有一塊簽名板。上頭寫著：

——這間店的美食讓我有美好的雲古[6]。——

原來如此，雖然好像有點髒，但是不得不佩服他真會說話。然而，我之後在越前海岸的螃蟹旅館，也看到內容相同的簽名板，真是嚇了我一大跳。心裡想著這位作家還真是喜歡用雲古來形容美食啊！看著簽名板上的文字，腦中彷彿浮現這位作家的樣貌呢！

這是到戰場前線取材拼命寫出稿子的作家，內心的真實感受，我再次感到佩服。

和美食毫無關聯的另一位紀實文學作家，某次說了：「就算再美味或再難吃的食物，拉出來的東西都一樣！」這樣一句話。因為當時正逢美食風潮剛開始興起，所以可能也是一種相反的論點吧！畢竟，這是一位專攻金融業界的作家。將兩位作家的想法互相對照，非常有趣。無論如何，專業撰稿人所描繪的食物，果然還是很有韻味。

喜幸

話題回到提及美好雲古的作家保證好吃的料理上。這位精通美食的作家點評過的料理，每一道調味都恰到好處。後面豆腐店製作的豆腐也超級美味，用濃醇的豆香來形容，一點也不誇張。這裡的豆腐很確實地扮演著豆腐的角色。

在京都若說到狂言表演[7]，就會想到茂山家。千作、千之丞都曾經為大家帶來歡笑，然後到冥界遠遊了。茂山家常常上演的名劇目《豆腐狂言》，堪稱妙語生花啊！

能劇和狂言，沒有主從之分，各自有其功能。

儘管不是主菜，但少了它，京都的料理也難以成立。如果說這項食材就是豆腐，那麼狂言也有相同的地位。豆腐越老越美味，就和狂言一樣，年紀越大越懂得其中的妙趣。說狂言是在搞笑，只不過是年輕一輩的人自以為是、自嘆學藝不精的表現而已。狂言與豆腐真正的價值，年輕人是不會了解的。

這麼說來，我發現川魚也一樣。遠離海洋的京都，十分珍視川魚。然而，從全國性的角度看來，鯛魚比香魚更珍貴。雖然不知道是不是明石的鯛魚，就算是隨便一個地方養殖的鯛魚也還是寶啊！所以人們才會說：就算腐敗，牠還是一條鯛魚[8]。

雖然不至於腐敗，但是比起被陽光曬得變質的鯛魚，剛從河川裡釣上來的香魚一定更美味。

在餐桌上聊著這種雜事，一杯接一杯地喝。京都還有很多類似的餐廳。在前往大型的外食連鎖店或者從鄉下來到京都開業的餐廳之前，有幾家必去的店。

瓢亭 MARU：鱉肉料理

雖然店名相同，但這不是獲得米其林三星評價的老店。儘管如此，那也是一脈相承於「瓢亭」這間曾經擁有媲美老店宅邸的名店。

在眾所周知的應仁之亂爆發地點——「上御靈神社」的門前附近，有一棟相傳是尾形光琳宅邸遺蹟的豪宅，「瓢亭」便在此處開業設料亭。一方面也是因為離我家只有三分鐘左右的距離，有好幾次都來這裡參加聚餐。店內座位很多，從西陣的大老闆們到同志社、大谷大學的教授群等，曾經在這裡以聚餐的名義舉辦過宴會，然而那已經都成過往雲煙了。不知道是不是因為泡沫經濟後遺症的影響，曾幾何時建築物已經被拆解，一點痕跡都沒有留下。

傳承當年名店的「瓢亭MARU」（地圖G㉟），靜靜佇立於四条新町的巷弄深處。第一次去的人一定會迷路。不過，迷路也是一種享受。而店名中的「MARU」意指鱉肉。

只有六個座位的吧檯上，放置裝著小菜的大碗公。雖然是氣氛很輕鬆的餐廳，但料理不愧是承襲自料亭，味道絕對不偷工減料。如店名所示，在這裡可以輕鬆吃到鱉肉料理，真是令人愉悅。小火鍋大約一千日圓，鱉肉茶碗蒸九五〇日圓，價格非常合理。

雖然偶然和三星料亭店名相同，但餐廳實際的狀況卻有天壤之別。如果是期待南禪寺氛圍的顧客，不太適合這裡。這間餐廳的口味是屬於休閒居酒屋類型，但是對我而言或許就像是添加了「懷舊」的調味料一樣吧！

瓢亭 MARU

BIYANTO：不能小看的辣味咖哩飯

京都之所以有很多好吃的咖哩店，有一說是因為這裡有很多學生族群。現在，咖哩已經足以被稱為日本的國民美食，是一道在日本生根的料理。其特徵就是能輕鬆享用，而且容易填飽肚子。對於口袋不夠深、食慾又旺盛的學生而言，是最合適的食物。

雖然市面上有西餐廳的咖哩、民族風咖哩、蕎麥麵店的咖哩、咖啡廳的咖哩等各種咖哩，但意外地很少有日本風格的咖哩。在洛中隨處可見連鎖咖哩店，但是那種沒有分店僅此一家的店，我還真的想不出來。以前在木屋町有一間名為「印地安」的咖哩名店，我曾經有無數次因為突然想吃而坐立難安，不惜排除萬難前往。如今這間店已經消失了。

和「印地安」一樣，也有一間店會讓我一想起那裡的咖哩，就非得吃到才肯罷休。那家店的店名就是「BIYANTO」（地圖F⑯）。從東大路通的丸太町北上，位於東側，就在京大醫院的正對面。

店內只有長長的吧檯座位，每到用餐時間都會大排長龍。

不知道為什麼京都很少有辣味咖哩。這家店也正因如此才會在此開業，所以我很喜歡這裡的辣味咖哩。咖哩分成甜味、中辣、辣味三個階段的辣度，大多數人都選擇比較不會出錯的中辣，但那才是悲劇的開端。雖然說是中辣，但是辣度不遜於其他店家的大辣。年輕女生瞪大眼睛邊吃邊用手帕頻頻擦汗，真的很可憐啊！這個故事告訴我們絕對不能小看咖哩迷的聖地。

我這麼說可能有點誇張，不過「BIYANTO」的咖哩真的很辣。「不辣的東西怎麼能叫做咖哩？」大發豪語的店主人態度非常認真。

我每次一定都選炸物咖哩。咖哩必須從牛肉、蔬菜、雞肉、海鮮等四種口味當中選擇一種，但我一點也不覺得麻煩，反而覺得很開心。

我每次都選雞肉口味。我覺得這是最佳組合，當然這只是我個人喜好啦！沒有什麼能比咖哩更配熟透的番紅花飯，這才是真正的日本咖哩飯。而且再加五十日圓，就有特製醃漬蕗蕎當配菜喔！

壽司、法國料理、壽喜燒。說到美食就會想到這些料理，但是有時候這些東西都比不上咖哩的美味。吃完咖哩之後的滿足感，總是讓其他食物望塵莫及。讓人吃得飽又心滿意足的一盤咖哩，就在京大附近。

柏井壽觀點：京都春季美食二三事

這幾年，我也會在描述京都商店的著作中，抱怨一些美食報導人的荒謬事蹟。目前正值春季。雖然我也很不想抱怨，但是上了年紀之後，每天在意的事情實在太多，如果憋著不說感覺很傷身體，請容我用這個藉口，藉機抱怨幾句。

最近我很在意幾個和飲食有關的用字遣詞。重點詞彙大致有三個：

「開動」、「品嚐」、「發放」。

比方說電視上的某旅行節目。抵達旅館後，馬上泡澡換上浴衣的女播報員，看著餐桌上的山珍海味，馬上拿起筷子。

「哇——看起來好好吃的樣子。那我們就趕快開動吃吃看吧！」

這位報導員完全不覺得自己拿著筷子東挑西揀有什麼問題，最後夾了一塊鮪魚生魚片，沾了大量醬油之後送進口中。

「嗯，好吃。肉質非常肥美呢！又柔軟又好吃。」

雖然我覺得吃生魚片不應該覺得柔軟，但最讓我在意的是「那我們就趕快開動吃吃看吧！」這句話的用字。為什麼就不能說：「那我們就開始享用吧！」

吃飯之前，大多數的日本人會合掌說：「開動了！」這句話是對著誰說？我想對象是賜予我們用餐時光的父母與祖先、種植食材的人們或者漁夫們才對。或許創造萬物的神明，也是說這句話的對象之一吧！「開動」這個詞，本來就是從對自己現在擁有的生命傳達感謝開始，衍伸為表達對萬物敬意的意思。

然而，剛才那位播報員「開動」時感謝的對象，只限定於眼前的廚師。證據就是用完餐後，廚師出現在播報員眼前，驕傲地兩手抱胸，播報員像是在跪拜廚師一樣，拼命傳達謝意。

還有一個看似可以相對應的詞就是「品嚐」。

「品嚐」這個詞本來就不知道算不算是日文，為什麼大家不能用「吃」這個普通的字呢？

——吧檯上放著大口碗。冒出蒸氣的拉麵，散發絕倫清香。嚐一口之後，嚇了我一跳。兩種湯頭的搭配簡直絕妙啊！——

這段文字不用「吃」而用「嚐」，我推測可能是包含了試吃的意思。「吃」是人類的本能，但是「嚐」卻隱藏著「試味道」的意思。這原本應該是以吃美食為業的人才用的象徵性詞彙，但曾幾何時一般人也學著說，導致在美食部落格上廣泛使用。

我之所以反對現在把飲食當作玩樂的潮流，正是因為如此。

不管是電影也好、舞台劇也好、書籍也好，會有人為了批評而去看嗎？應該是因為自己想看、想讀，結果看了之後發現和想像的不一樣、或者覺得不負眾望才會產生所謂的感想，這樣才是正常的吧？若非這個領域的專家，絕對不會有人為了闡述評語而去看一部一點也不想看的電影。畢竟，看一部或二部電影，也不可能填飽肚子啊！

還有一個更令我在意的詞彙。

「發放」這個詞如字面所示，本來應該是一種免費的行為。

——端上前菜之後，湯品接著上桌。終於，由店主人親自發放生魚片。——

這是出現在某美食雜誌的評語。這讓我不禁想挖苦他，難道生魚片是免費的嗎？我深怕因此被別人貼上老頑固的標籤，所以一直戒慎恐懼，但是這種用詞實在讓我不得不在意。

描寫這些「美食」餐廳，為什麼需要用過多的敬語呢？

——某某先生長年在京都名店修業，決定獨立後，便到祇園開店。（略）他為我準備了平常不輕易做的料理。我聽說某某先生一大早就親自前往市場，挑選食材並進貨，一直為了備料而忙進忙出，真是令人敬佩。——

我讀這篇文章，嘆氣嘆了好幾次。

那些親切地稱呼料理店年輕店員「某某君」或者「某某醬」的部落格，讀起來也是令人感覺不太恰當，不過，比起對自己小一輪或兩輪的年輕廚師連聲用敬語的好多了。

另一方面，我也經常碰到態度冷漠的店家。

我一邊撰寫本書，一邊想著如果能介紹幾家新的餐廳應該不錯，於是我就試著去吃吃看最近很紅的名店，但是……。

這些店的共通點，就像過度客氣的用詞一樣，完全等比例地毫不用心。這種情形，大多發生在名店的二號店。雖然我完全不覺得那是名店，但是因為很信任的朋友大力推薦，所以就決定去吃吃看新開的中華料理餐廳。

我一邊疑惑為什麼要取這麼難讀的店名，一邊震驚於午餐時段，座位幾乎都坐滿了。這裡的招牌是小籠包，兩個小籠包進了蒸籠又送出來。吃小籠包必須很小心，一不注意就會被噴出來的湯汁燙傷……才對。而這裡的小籠包，雖然沒冷掉，但就算是場面話我也說不出有到燙的地步。在面皮上戳個洞，湯汁就……沒有流出來耶！

本來以為只有我這一份才會這樣，結果隔壁桌的餐點也一樣，儘管如此，他們還是連聲稱讚：「好吃！」還說：「不愧是某某店的二號店呢！」

也就是說，隔壁的客人在還沒吃之前，就已經認為是好吃的了。我歪著頭等待正餐，不久之後放在托盤裡的麻婆豆腐套餐就登場了。此時，讓我很在意的是服務生的動作。不但發出聲響還把托盤歪歪斜斜地放在桌上，絲毫不在意顧客的感受。

四川山椒味道很香，辣味和甜度都恰到好處。主菜麻婆豆腐的味道不差，但令人在意的是它不冷不熱的「溫度」。湯品等料理，可以說幾乎每一樣都溫溫的。

餐點附榨菜、沙拉可謂份量十足，但很可惜地完全感受不到店家的用心。

我思索這家店為什麼會這麼「半調子」，唯一能想到的就是「被寵壞了」。這是典型被顧客「寵壞」的餐廳。這間店一開始就複製名店品牌，而且價格便宜，一千日幣又附甜點，已經沒甚麼好抱怨的了。

如果，這家店一開始並不是名店之流，又會如何呢？味道不是特別好吃但也不壞。就跟車站大樓地下街的連鎖店差不多吧！

如果問我要選哪一家，我寧願選後者。好好看著客人，說句：「感謝您光臨！」目送客人離開的感覺，對我而言優先於名店光環。把找零的錢丟在櫃檯上，逃亡似地離開收銀台的工作人員，他們的背影只會讓飯後留下不好的餘味。這也是對名（迷？）店有推波助瀾之效的網路社會所造成的害處。或者也可以說是把餐廳以星等評價的餘害吧！

《米其林指南京都．大阪》首次發售後，經過一段時間，我就在《每日新聞》的關西版寫了以〈米其林指南的餘害〉為題的專欄。寫下當時想法的文章我轉貼如下，希望能當作這篇的尾聲。

＊

「吃」這個行為，毫無疑問是一件令人愉快的事。形容得誇張一點，可以說是人生最大的享受。人類究竟是為了生存而「吃」，還是為了「吃」而誕生呢？「生命」與「飲食」一直都是共同體。

因為從事牙醫的工作，所以有時會需要到病患家裡出診。躺在床上的病患，主訴症狀是假牙有問題。高齡的患者說：「吃東西是我最後的享受了。」剩下的人生中，沒有太多奢求，但願一直到嚥下最後一口氣的瞬間，都能享受美食。這種話我不知道聽了多少次。對美味的執著，也是生命力的泉源啊！

那麼，要如何定義美味呢？我反覆看著履歷，卻從來沒有找到答案。

某位老婦人說，希望能享受咀嚼蔬菜的口感，而她的老伴則是希望品嚐吸飽蔥香的鴨肉。美味就是如此，是極為個人的概念，每個人應該都有不同定義，而且也絕對不是他人能夠擅自定義的事情。

然而，現在是怎麼回事呢？「這道料理真是太美味了！使用精挑細選的食材，並且由優秀的廚師展現超凡絕倫的技術烹調，如此如此，這般這般。」美食評論家們替我們定義、判斷了美味。這種行為就叫多管閒事。不僅如此，還用星星評價等級，用星星的數量來評斷餐廳的價值。

我並不是要否定談論美味的行為。不過是一碗拉麵或蕎麥麵，就可以扯到哲學之類的言論雖然很討厭，但是就像文豪們的文字遊戲一樣，描述美食是一件蘊含深意而令人愉悅的事情。寫膩了小說的作家，把「美食」當作休閒在撰寫時，發揮超越業餘人士的才能，文章不時蘊含著深意。然而，近年的「美食文章」就完全不同於此。為了寫文章而吃，簡直就是本末倒置。

無論是部落格還是雜誌，為了在這些平台發表文章而到處吃，而且還把這些過程詳細記錄，究竟有什麼意義？因為有新店開張所以特地前往，連篇讚賞之詞，自傲能夠吃到很難預約的人氣名店。

各自介紹自己愛吃的餐廳或食物沒什麼不好，但若把這些當作是普遍的絕對價值觀，就是一種罪過。

如果被這些腦子裡只有吃的人所說的話煽動，只會追著人潮和米其林的星星跑，不僅會喪失和真正美味相遇的機會，甚至會忘記人生中還有更重要的事情。

京都西陣。為了要吃到有米其林星星評價的蕎麥麵，不惜耗費長時間等待的人大排長龍。結果，就連附近的名剎大德寺、堪稱平安京第一高山的船岡山都沒去，京都之旅就結束了。

另一方面，一部分被捧過頭的料理人，甚至還會浮現蔑視顧客的表情。用幾顆星來評論「美食」，不只造成旅客困擾，還潛藏著讓主客顛倒的危險。這個城鎮裡隱藏著許多連一顆星星也沒有，但是擁有高超廚藝，能用心烹調料理的職人。

多數主流媒體在說到米其林指南時，都會附帶一個「最具權威的指南書」當修飾語，但我並不認同。在討論「美食」時，最不合宜的就是使用「權威」和「星等」之類的詞彙。

---

1 日本美食漫畫《美味大挑戰》中登場人物海源雄山，是高級料理亭「美食俱樂部」的負責人。

2 在日本被喻為「壽司之神」的小野二郎所開設，該店獲得米其林三顆星評價。

3 歌舞伎名劇《忠臣藏》中，赤穗藩主在松之廊試圖斬殺大臣吉良上野介義央。

4 幕府時期至今的高級料理茶屋。

5 意指京都人家裡的常備菜，是用當季食材做的簡單小菜。

6 雲古是糞便的美稱。日文發音相同，但漢字有不同的標示方式。

7 日本傳統喜劇。

8 比喻瑕不掩瑜的常用諺語。

第四章
漫步近江

京都近江，從以前就有這樣的稱呼，表示京都和近江之間緊密的關係。

譬如代表京都景色的比叡山。從京都能看到許多山峰，這些對京都人而言很熟悉，對旅人來說也很賞心悅目的群山景色，其實屬於滋賀縣。旅遊手冊封面上，鴨川身後的比叡山，其實不是在京都而是在滋賀縣拍攝的風景。

位於京都的世界遺產延曆寺，地址並列京都市左京區和滋賀縣大津市坂本本町，這就是兩者關係緊密的證據。

東海道新幹線。搭著「希望號」從東京前進京都時，過名古屋三十分鐘左右，右手邊就能看到琵琶湖的身影。此時，乘客就知道快到京都，開始坐不住了。

經過名神高速公路之後，馬上就會進入音羽山隧道。大約在這條隧道正中間，剛好是音羽山山頂處，就正式進入京都府了。列車離開隧道之後，車內就會開始廣播，要前往京都的旅客，也會開始把行李從架子上拿下來準備下車。橫渡山科鎮上，穿越東山隧道之後，馬上就抵達「京都」車站了。

將時鐘的時針倒轉回江戶時代。

經過東海道五十三個驛場，終於來到最後一站，從大津驛場出發越過逢坂關，就抵達京都。用盡最後的力氣，翻過山巔。攀爬險峻的山峰，氣喘吁吁抵達頂端，從山頂眺望村落，美若桃花源。

也就是說，古時候要翻山越嶺，現在則是要穿過隧道，才能抵達京都。這種感覺讓京都具有莫大魅力，但卻意外地沒什麼人發現。

——越過國境上長長的隧道之後，就是雪國。夜空的底部變得一片雪白。——

這句話節錄自舉世聞名的川端康成名作《雪國》。

又暗又長的隧道。穿越這裡之後，每個人都會鬆一口氣，然後看見周圍的美景。

——越過縣境上長長的隧道之後，就是京都。這個城市的屋頂顏色變得低調黯淡。——

應該是這種感覺吧！為了讓京都這個城市，能夠既低調又耀眼地出現在大家面前，我們絕對不能忘記以前的山丘和現在的隧道扮演了舞台裝置的角色，而且這些裝置就位於近江這片土地上。

我一直到近幾年才深深被近江吸引。這幾年ＮＨＫ大河劇《江：公主們的戰國》也讓近江備受矚目，不過我是一直到著手編著本書之前，才快速被近江吸引。然而，很久之前就一直有前兆了。畢竟我甚至曾經在湖西的岸邊租公寓，每到週末就前往近江遊玩。

雖然稱為公寓，但其實只是像長屋[1]一樣的連棟出租住宅，就算是要拍馬屁也說不出豪華兩個字。不過陽台向琵琶湖延伸出去，景色實在很有魅力。左右兩邊的鄰居都是很溫和的人，給我這個第一次住近江的人很多建議。

下過大雪的翌日早晨，一大早就起來剷雪開道，對著違反規定遊走湖面的水上摩托車破口大罵並且趕走他們。住在右邊的老先生，就像是從前和京都關係密切的近江代表一樣。近江的生活方式和以前的京都十分相像。

我在那裡整整度過四季，因為各種不方便最後只好搬走，但可以說從這個時候開始，我就喜歡上近江了。

我騎著腳踏車，幾乎可以說是走遍湖西一帶，隔著寬廣的湖面，我始終沒去到對岸的湖東、湖北。可能是因為心理上的距離感讓我裹足不前吧！

當時，以我的年齡而言，雖然對戰國武將有興趣，但是對觀音信仰就完全提不起勁了。離開湖西的公寓，數年之後喜歡上白洲正子[2]《近江山河抄》，便開始對湖北的十一面觀音心神嚮往。

「近江是京都和奈良的後台。」說這句話的人就是白洲正子，而大河劇《江：公主們的戰國》也讓我再度了解，近江和京都的關係是從戰國時代就開始了。

本來信長把妹妹阿江嫁到近江的淺井家，就是為了方便自己攻下京都。東國要和京都連成一線，勢必要經過近江國土，也就是要攻京都就要先從近江下手。

不是真正的舞台，而是後台。並非目的地，而是中途站。近江在歷史上，長期以來一直扮演配角。然而，比起華麗的主角，觀眾更容易被演技低調的配角吸引，相同的道理，近江的魅力就像霧面銀閃耀沉穩的光澤，吸引人們造訪。其代表性的象徵，就在湖東到湖北一帶。

享樂湖北

長濱是湖北的中心。因為地處北國街道要衝，自古就是繁榮之地，不過近年長濱因為剛剛提到的大河劇才再度受到矚目。第一次被大眾注意到也是距今二十五年前左右的事了吧！

有一段時間，日本列島上盛行地方再造、社區營造的風潮。打著活化地方的旗幟，每個自治體都用心致力於行銷當地。

和北國的小樽一樣，湖國長濱在當時也是成功案例，從全國各地來視察的官員絡繹不絕。穿著西裝的男性團體，前往觀光勝地「黑壁街」的各個角落，不僅四處拍照，還邊聽解說邊抄筆記。

活用懷舊風格的建築，加上現代風格的商店，利用玻璃製品、音樂盒等吸引年輕女性的商品，達到集客效果。長濱可以說是社區再造的先驅。

其實那是刻意打造出來的城鎮。因為我當時並不喜歡，所以一直都沒去過。

和流行無關，長濱從以前就一直有「盆梅展」和長濱名產「烤鯖魚素麵」，我雖然覺得這些很有魅力，但是仍然對突然冒出來的現代復古風格敬謝不敏。而且小樽和長濱的商店販售著一樣的東西，這一點我也嗤之以鼻。然而，只責怪長濱確實有點過分。日本到處都重複一樣的愚蠢模式，而且就連我們京都的嵐山也曾經到處都是偶像明星專賣店，吸引許多校外教學的學生和觀光客啊！

潮流這種東西，一旦退燒就會呈現真實的樣貌。長濱曾經有一段時間持續低迷，衷心期盼長濱不要再犯相同的錯誤。

長濱逍遙遊

從JR「長濱」站開始出發。殘留著些許懷舊風格的車站，有一塊用花窗玻璃裝飾的「長濱站」看板。從西出口往琵琶湖走，馬上就會看見長濱城了。

秀吉因為滅淺井家有功而獲得信長賞賜的湖岸之地，本來被稱為「今濱」。在此築城並將地名改為「長濱」，相傳是從信長的名字裡取一個字。這的確很符合秀吉擅於掌握人心的作風，但另有一說是為了紀念淺井長政的悔恨，才從長政的名字中取一個字。然而，信長將長政的顱骨鍍金，受到信長大肆讚揚的秀吉用顱骨斟酒並一口飲盡。從這點來看，我完全不覺得秀吉對長政有什麼感情。如果是明知場面會很尷尬，卻仍然拒絕用顱骨喝酒的光秀還比較有可能吧！

在長濱城可以想見秀吉得意洋洋的表情，而這座城就算是場面話也稱不上大器。畢竟是重建還沒超過三十年的天守閣，所以這也是沒辦法的事。只要想著這裡是古城的遺址，欣賞景色就好。

這裡值得一見的風景就是櫻花。**豐公園**（地圖 R-b）這個城跡公園一帶的櫻花，入選日本櫻花名勝百選。

順帶一提，近江一帶還有一個地方入選，那就是「海

長濱塔

津大崎」。就連京都市內也只有御室仁和寺、嵐山、醍醐寺三處入選，評選標準極為嚴格，評選的方式和那些旅遊指南看似華麗的分級完全不同。海津大崎的櫻花花期較晚，種植在琵琶湖北端的櫻花，真的堪稱絕美。搭船從湖面上看過去，簡直是絕景；如果是櫻花迷，請務必記得這個景點。

回到車站沿著站前道路走，會進入熱鬧繁華的區域。左側有一間以親子丼聞名的**「鳥喜多」**（地圖R-b㊺）。每到用餐時間，一定會大排長龍。在這裡左轉，又有一間「烤鯖魚素麵」非常好吃的**「翼果樓」**（地圖R-b㊹），再往前走就會連到那著名的區域。對黑壁街有興趣的話可以繼續前往，沒興趣的人就回到車站前那條路。

在「鳥喜多」旁邊，過了交叉路口就馬上可以看到矗立一棟不可思議的建築——**長濱塔**（地圖R-b）。

就像是會出現在香港市中心一樣，可愛的設計實在很令人開心。在日本每個城鎮都會有一樣的風景，但這棟怪異的建築

舊開智學校

可是重要財產。若是沒有危險性的話，希望可以繼續放在這裡直到它腐朽為止。

在這裡一回頭就會看到一棟西洋建築，外觀也很不可思議。「舊開智學校」（地圖R-b）。現在似乎以商業設施的型態重新再利用。乍看之下會覺得很像是現代的仿製建築，但其實門前可是立著重要文化財產的告示呢！明治四年（1871），滋賀縣第一所國小創立，而這棟建築物據說是明治七年（1874）建好的新校舍。適度的歲月痕跡總會引起人們的哀愁之感，但比起這些還是可愛的外觀更吸引人啊！

大通寺與長濱八幡宮

接著前往古剎。目的地是**大通寺**（地圖R-b）。這座寺院的地位等同東本願寺的分寺，一般稱為「長濱御坊」。門前的石板路，獨具風情。

大通寺山門

這條狹長的石板路，從表參道可以遠望位於深處的大通寺山門。我認為這條石板路遠比「黑壁街」一帶更具有長濱風情。太過矯揉造作，大家一定會膩。我希望從事觀光業的人千萬要記得這一點。

大通寺的「山門」相傳是江戶時期的建築，越靠近就越能感覺到它的雄偉。建築工法採用總欅造[3]，總共花了三十三年才竣工，採用如此困難的工法難怪要花這麼多時間啊！不知道還有什麼建築能夠如此完整傳承桃山時期的樣式。雖然這麼說有點誇張，但實際上面對這座「山門」心生這種感想的人，應該不只我一個。

長濱八幡宮

然而，這裡還不僅如此而已。說到大通寺的門，就絕對不能忘記「台所門」。這本來是長濱城的城門。建築於天正十六年（1588），由山內一豐主政的時代。

大通寺境內還有很多可看之處，不過就等各位造訪之後再慢慢玩味吧！事前知道太多，反而會減少樂趣呢！

離開寺院前往八幡宮。目的地是**長濱八幡宮**（地圖R-b）。不過在出發前，先買好有大通寺門前名產之稱的壽司吧！

以近江米聞名的滋賀縣，稻米產地。不同於江戶前，以外帶為主的箱壽司、棒壽司都是長濱的名產。最具代表性的店家就是**「米治」**（地圖R-b㊸）。明治三十年（1900）創業的老字號壽司屋的箱壽司，不僅外觀華麗也很美味，是長濱口味的名產。在湖畔散步時可以拿來暫時充飢，帶回住宿處當宵夜都很不錯。

把當季的白肉魚仔細剁碎，加上百年醬汁調味，紮紮實實地和醋飯結合在一起。這股甜甜辣辣的風味，比什麼都好吃。若是吃習慣江戶壽司的人可能會驚訝並且感到疑惑：為什麼這裡的醋飯這麼甘甜？京都的

米治的箱壽司

醋飯口味也偏甜，但是湖北地區又更甜了。入境隨俗。這就是「地方」的特色啊！

另外，關於這片土地和江姫有很深的淵源這件事，我想最近在近江的旅遊指南應該都有詳盡的描述，所以我就省略不提了。話雖如此，若是在春天造訪此地，一定要前往以櫻花美景聞名的**小谷城跡**（地圖R-a）。回想著大河劇第一集出現的場景，一邊在城跡裡散步也是一種享受。

這次在我參拜完八幡宮之後，還隨意晃了一晃，遇見有興趣的地名，我就彷彿像有人引領一樣造訪了某寺院。而這間寺院令我印象深刻，所以這次也把它記錄下來。

那天因為相機的記憶卡滿了，所以我為了買新的記憶卡而前往分流道附近的賣場。辦完正事之後，不經意看到地名標誌上寫著「小堀町」。這難道是那個小堀嗎？詢問路人之後，發現確實如我所想。而且路人還告訴我**近江孤蓬庵**（地圖R-a）這個地點。這是和小堀遠州有淵源的寺院。第二章中詳述過的遠州，其實也是近江人。

雖然算不上學才藝，但街頭巷尾都經常會說：已經懂事的男孩如果要學茶道，就要選「遠州流」才行。我雖然也憧憬遠州流，但在因緣際會之下已經拜師裏千家，所以當然不能有二心。我總是抱著羨慕的心情，聆聽在大德寺「孤蓬庵」學茶藝的患者說學茶的事。可能因為這樣吧！我才會對小堀遠州這個名字這麼敏感。

如此說來，我想起小堀遠州曾經是「小寶城」的主人。我一直以來都太過注意遠州這個名字，反倒忽略他出身於近江了。

京都大德寺的塔頭「孤蓬庵」是非開放寺院。因此無法欣賞其中的庭園和茶室。不如換個地方報仇雪恨，在京都看不到的景色，就到近江去看吧！

近江孤蓬庵

雖然我說想要用走的過去，但是路人告訴我不可能。所以只好搭上計程車，並且告知司機我要去的地方。

「您喜歡歷史是嗎？」

司機先生這樣問我。

「也不算是，不過我聽說這裡和小堀遠州有淵源。」

我很輕快地回答這個問題。

「最近好多這樣的人啊！難道是遠州熱嗎？最近多了很多江姬和遠州的粉絲呢！」

江姬是大河劇的主角，所以會紅我也能理解，但遠州又是為什麼紅呢？

經過大型購物中心、國小、棒球場之後，計程車進入有點高度的山路。從貌似工廠的建築物旁，拐過彎彎曲曲的轉角才終於抵達停車場。

因為這裡幾乎沒有計程車會經過，司機建議預約回程的車比較好，所以我就約一個小時後出發。

從停車場前往目的地的路上，兩端有石柱，右邊標記「近江孤蓬庵」，左邊則是「彌勒之鄉」。深處有坡度和緩的石階，右手邊是樹木，左手邊的小丘陵上則是種植成排的灌木叢。我本來以為會是一座規模小而閑靜的寺院，實際上卻比想像中寬廣。右手邊是山景、左手邊種著杜鵑花叢的泥土路面鋪著碎石，長長地延伸到深處。

終於，我看見竹籬笆，小小的門也敞開著。與其說這是寺院的山門，不如說像是引人前往茶室的庭園一樣，這種風情怎麼看都跟遠州有深刻淵源。我付了三百日圓的香油錢之後進入寺院。

這是小堀宗慶為了祈求遠州冥福而建立臨濟宗大德寺派的寺廟，但進入江戶後期因小堀家失勢而衰退，明治維新之後長期沒有住持呈現荒廢狀態。

昭和四十年（1965）才終於由小堀定泰復原，留下重整庭園等紀錄。這裡當然沒有古色古香的感覺，畢竟只經過半個世紀的時間。庭園有兩個。一個是枯山水庭園，另一個是池泉回遊式庭園。兩種都符合遠州的喜好，而且庭園與庭園之間相連沒有隔開。

遠州的庭園有幾個特徵，其中一個就是擅長「向自然借景」。像池泉回遊式的庭園，令人宛如身處深山幽谷。有可能是剛好也沒有其他人在，空間靜謐到連風拂過葉子的聲音都聽得見。

沒有其他遊客正好，我把佛堂的紙門開開闔闔，調整到最恰當的比例。這樣就能打造出媲美京都洛北「寶泉院」的畫框庭園了。

至少再過個五十年，屆時佛堂就會顯露古色古香的感覺，一定會更具閑靜山寺的風情。總而言之，這是一座能夠追憶遠州辛勞的庭園。

《近江山河抄》當中沒有出現這座寺院，難道是因為遺漏了嗎？我回到家才發現，在《桃花源》當中白洲正子也曾經提起「近江孤蓬庵」。那真的是一篇很短的文章。

——知名的大德寺孤蓬庵，前身也在近江。一樣都名為孤蓬庵，但這是和小堀遠州有淵源的寺院，遠州就出身於長濱附近的小堀村。池泉和枯山水的庭園，以矩形排列相連。這裡是他的故鄉，可以想見他當時致力於造園的身影。——

（引自《桃花源》講談社文藝文庫）

造訪湖東

近江八幡的水鄉巡禮與美食

九州的福岡縣，有一個叫做柳川的城鎮，是名作家北原白秋的故鄉。柳川以渠道水鄉聞名，剛好那裡的景致就很像近江八幡的街道。城鎮中心佈滿渠道，小舟交錯划過充滿綠意的水面。真是獨具風情的景色啊！

我造訪柳川時，偶遇新娘出嫁的船隻。一葉扁舟上新娘穿著純白禮服，靜靜地從我眼前划過。微微低著頭的側臉，與其說是開心不如說是帶著憂鬱，低目垂簾的眼中似乎泛著淚光。

她究竟是抱著什麼樣的心情出嫁呢？小舟搖搖晃晃的前進，我看著她的背影覺得她一定忍不住潸然淚下。

乘船處在「屋瓦博物館」前，三十分鐘的渠道繞行費用是一千日圓，如果時間允許，請務必搭上小船一遊。花瓣佈滿藍天的風景一定很美。

搭船也會經過近江八幡最受歡迎的景點——日牟禮八幡宮（地圖R-c）。神社後方有纜車，能搭往小小的山頂。而門前最熱鬧的地方，就是茶店（地圖R-c㊻）和咖啡廳（地圖R-c㊼）。兩者都是當地的零食業者「TANEYA」所經營的商店。

近江有「叶匠壽庵」和「TANEYA」兩大零嘴業者。真不愧是近江商人的故鄉啊！據說無論哪一家生意都很好。尤其是「TANEYA」最近也經營名為「CLUB HARIE」的西洋菓子店，而年輪蛋糕是該店當紅的產品。該公司也經營神社門前的咖啡店，聽說有很多顧客為了光顧這家店而前往神社參拜。如果在京都，神社門前一定賣和菓子，從這一點也可以看出近江樂於學習新事物的進取之心，令人覺得十分有趣。

近江八幡。不必我贅言大家也知道這裡是近江牛的故鄉。甜點當然也不可能遜色。壽喜燒、小火鍋、牛排等美食雖多，但這次我想介紹的店家，算是一記很輕巧的變化球。話雖如此，該店也是使用正統近江牛的「近江當地美食」。

位於日牟八幡宮附近，建在渠道上的「茶寮濱倉」（地圖R-c㊽）是非常受歡迎的近江牛名店。

該店的人氣商品是「油炸近江牛壽喜燒」和「赤色他人丼飯」。前者是把壽喜燒包起來油炸的創意料理，後者是用紅色器皿盛裝的牛肉溫泉蛋丼飯。

負責營運的母公司是近江牛名店「金吉」，所以食材品質有保證。口味也沒有什麼故弄玄虛之處，以簡單取勝。

創作料理通常都會以創意取勝，但「濱倉」的那道料理則是例外。雖然命名很幽默，但口味可是一絕。誰也想不到可以把壽喜燒拿去油炸，而且味道超乎想像的好吃。我馬上在家裡也試著做做看，結果卻失敗了。不愧是擁有專業技術的店家。這道菜是喜歡油炸食物的人，絕對抵擋不住的好味道。

我聽說同系列的店家還有更多油炸類美食，所以就前去嚐鮮。

位於古老街道正中央的「金吉山本」（地圖R-c㊿），店頭排著裹著麵包粉的油炸食物。該店不會把商品炸好放著，而是等客人點餐後現炸，所以可以吃到剛炸好熱騰騰的美味。

近江牛可樂餅雖然也很好吃，不過在牛丼外裹上一層麵包粉炸出來的「牛丼可樂餅」更加出眾。我料想這道菜一定會大受歡迎。吃著剛炸好的可樂餅，漫步在古老的街道上也是一種愉快的享受。

說到近江八幡的紀念品，剛剛的年輪蛋糕雖然也不錯，但若是想要買和菓子，我建議買「**和與**」（地圖R-c㊾）的「丁稚羊羹」。清爽的甜味和小巧的外觀，一次可以吃掉一整條。用心製作的甜點，美味沁人心脾啊！

搭船遊沖島與竹生島

近江八幡有船隻來來往往的水鄉，而彥根則有留下斷垣殘壁的名城——彥根城。長濱鎮上還留有北國街道昔日的風采，平穩的琵琶湖面映著春日的藍天，這裡的景點可以說是無窮無盡啊！

乘船遊近江還有一個不能遺漏的地點，就是前往附近島嶼來一趟短程船舶之旅。目的地有兩個島。一是廣為人知的**竹生島**（地圖R），另一個則是近江八幡附近的**沖島**（地圖R）。

沖島具有稀世罕見的特徵，是日本獨一無二的小島。

沖島是全日本唯一有人居住的淡水湖小島。人口約四百人。島上沒有通訊訊號但有學校。在這附近捕獲的諸子魚品質優良，可能也和沖島人有關。

吹拂過春日湖面的風輕撫臉頰，令人備感舒暢。可以前往這麼稀有的小島，也是近江特有的遊覽方式。

一說到琵琶湖中的島嶼，就會想到竹生島。竹生島是神之島，祀奉眾神的島嶼。前往參拜「寶嚴寺」、「都久夫須麻神社」等兩座寺院，是造訪這座島時既定的流程。然而，很遺憾的是「都久夫須麻神社」因為要保護正殿而進行維修工程，目前一般旅客無法參觀。真的很令人惋惜。

日劇《江：公主們的戰國》當中，有一幕是信長帶著阿江前往竹生島參拜辯才天女神。乘著小船抵達竹生島，參拜結束回到小船時，遙望從前的小谷城。阿江的父親淺井長政對竹生島有很深的信仰，為何信長會帶著阿江前往竹生島呢？戰國之世的不可思議、不合邏輯、因緣際會等各種因果，感覺都匯集在這裡。無論武士、漁夫或農民，對湖上小島的虔誠信仰皆如出一轍。竹生島就是這樣被信仰的島嶼吧！正殿的維修在平成二十三年（2011）三月已經結束。無論如何都應該前往堪稱琵琶湖以及近江信仰之源，不，應該是說日本信仰之源——竹生島一遊。

竹生島又寫做「都久夫島」，發音是 Tsukubusima。

這是發生在神龜元年首都設在奈良時的事。聖武天皇夢中出現天照大神，並且指示他：「江州湖中有一小島。此島乃辯才天聖地，當即建寺院祭祀。如此一來便可永保國泰安康、五穀豐糧、萬民富榮。」

聖武天皇馬上派遣行基法師前往，開始著手堂塔開基事宜，這就是「寶嚴寺」的由來。總覺得這裡隱藏著琵琶湖的所有祕密呢！

越過逢坂——連結近江和古都的道路

前往京都的道路

我一邊撰寫著京都的魅力所在，又一邊加上近江，是因為時至今日近江仍保有京都早已失去的面貌。在不同季節漫步近江，經常感覺看見昔日的京都。古寺的外觀、街角的食堂、宛如籠罩一層雲霞的城鎮。除此之外，迷路時馬上就會有好心人指路的溫暖，最令人感動。曾幾何時，在京都已經消失的景色，如今在近江又能復見。

我盼著有更多人能夠仔細遊覽近江，所以才開始撰寫相關文章，不知不覺間我也成了近江的俘虜。那就好像約莫二十五年前，我開始寫下對京都難以遏止的情懷一樣。

然而，我這麼說可能會讓近江感到失望，本書以「京都」為題，所以必須把近江和京都連結在一起。畢竟這不是近江旅遊書，只能把近江當作介紹「京都」的一環。

京都和近江密不可分。或者也可以說是在同一條路上的夥伴。正因如此，在撰寫京都四季時，近江的登場才顯得別具意義。

大多數的情形下，從東部要前往京都時，勢必要通過近江。若是走東海道五十三次的路徑，就會經過大津。至今，東海道新幹線也是琵琶湖出現在右手邊，通過隧道之後才能前往京都。在抵達京都之前所看到的萬家燈火，就是大津。

不只是旅人，就連滋潤京都街道、孕育出各種美味的水道也一樣。從大津到山科、山科流向東山的「琵琶湖疏水道」也是流向古都的水路。

當我開始描寫四季的近江，就想走一遭從近江往京都的道路。

從大津到山科

出發地點為大津。終於京都就在眼前了，最後的住宿地點就是這裡，至今仍有三個以大津為名的車站。一是JR「大津京」，二是JR「大津」，最後是京阪電車的「濱大津」（地圖R-f）。無論從任何一站出發都可以，但若想效仿古人從草津宿場路經膳所的話，就從JR「大津」車站出發。

這個車站離琵琶湖有一段距離。出車站之後先往琵琶湖方向走，走到京町附近，欣賞一下宿場町傳承至今的古老街道氛圍。接著，可以選擇直接穿過「濱大津」車站走到琵琶湖，不過也可以在京町二丁目的交叉路口左轉進入西近江路，也就是前往國道一六一號線。

穿越大津祭典時熱鬧非凡的區域，走到大馬路上之後就抵達札之辻。就連地名都紮紮實實地留下宿場町過去的面貌呢！

背對琵琶湖沿著緩上坡走，就會看到明治天皇聖跡碑。這裡就是「大津宿本鎮跡」（地圖R-f）。過去這裡建有高達三層樓的寬廣住宅，各藩的大名都曾經在三樓的閣樓上讚嘆琵琶湖的絕景。

大津宿本鎮跡

再往前走一段路，才終於抵達逢坂一丁目，那是人與人相逢的坡道。

見字知意。比起用「相會」這個字，不如用「相逢」更有意境。人與人相逢的坡道，這種想法究竟是寄情於何物、何地呢？我想其對象可以解釋為京都這個舊時都城。

不過在其他地方，逢坂也會讀成「追坂」。追上從東國前往京都的人。逢坂山總是讓人擁有許多想像空間。我想是因為名字取得好吧！

與蟬丸有淵源的神社

說到這條坡道稱為逢坂，應該會讓人馬上想到蟬丸的詩歌吧！

——古今多少悲歡事，逢坂關前知不知？——

蟬丸傳說是宇多天皇皇子敦實親王的侍郎，也有一說是醍醐天皇的皇子，但沒有留下確實的紀錄。他是歷史上一位謎樣的人物。百人一首當中，蟬丸留有家喻戶曉的詩歌。

大人的百人一首時間就先到這裡告一段落，接下來是小朋友的遊戲時間。百人一首的紙牌遊戲大家玩得不亦樂乎，其中最令人印象深刻的還是蟬丸啊！[4]

逢坂一丁目。右手邊的山麓矗立著**關蟬丸神社**下社（地圖R-f）。該神社的主神為猿田毘古神與豐玉姬神，同時也一併祭祀蟬丸。也會有人將建在下社前方的**上社**（地圖R-f）以及更上方的**蟬丸神社**（地圖R-f）三間神社統稱為「蟬丸神社」。感覺有點複雜呢！

「關蟬丸神社」下社

幾乎和京阪電車平交道重疊的地方建有一座石造鳥居，散發著閑靜古樸的風情。平交道旁並列著「關蟬丸神社」和「音曲藝道祖神」兩塊石標。

本堂是採用檜木皮葺屋工法的厚實建築，神社境內那口紀貫之[5]曾詠嘆過的「關之清水」至今仍源源不絕。

——逢坂關泉映容顏，凝神相迎望月馬。——

這首詩歌是受後醍醐天皇之託，為製作「月次屏風」而寫。古時，每逢八月滿月，就會在逢坂舉行迎接各國大名進貢馬匹的活動，此活動名為「八月迎駒」。將當時的情景寫成詩歌的人就是紀貫之。順帶一提，望月也蘊含滿月之意，一語雙關信濃是馬匹的產地。

無論是蟬丸還是紀貫之，其詩歌石碑都放在神社境內。

儘管神社範圍並不大，卻有好幾個可看之處，令我感到十分驚訝。首先是燈籠。那是鎌倉時代的產物，被指定為重要文化財產，還有立牌註明是蟬丸型的「時雨燈籠」。不過依據造型不同，等眾燈籠都各自有「殘月」、「濡鷺」、「水螢」等風雅的名字。不過和這片土地最相配的莫過於「時雨」，這個名字最為風雅。

繞到神社的背面，那裡有一個「小町塚」。不用我說大家也知道是小野小町[6]的墳塚。據說小町晚年就是隱居在這一帶。

神社境內種植真葛草，背後有很深刻的緣由，容我之後再詳述。

蟬丸據說就是眼盲的琵琶法師，這是謠曲《蟬丸》中耳熟能詳的故事。

帝王把眼盲的幼子喬裝成僧侶的樣貌並且將他遺棄在逢坂。當時只剩下琵琶的音色能夠撫慰自己不幸的身世。蟬丸在這樣的情形下，最後成為一位知名琵琶樂手。帝王的長女也一樣遭遇不幸，最後發瘋徘徊於逢坂山中，在琵琶樂音的引領之下，終於和弟弟蟬丸再度相聚。兩人互相傾訴宿命與因果輪迴，然而，姊姊最後還是選擇回到京都。這是故事當中非常知名的場景。我彷彿聽見從山間傳來《今昔物語》中的謠曲，離開靜謐的神社之後，再度回到西近江路上。

立聞觀音

從右手邊的住宅縫隙裡有時能看到鐵路，我一邊欣賞風景一邊往南前進。左側和緩的曲線終點與國道一號線交會。

蟬丸美妙的琵琶樂音，不只吸引了自己的姊姊。經過「關蟬丸神社」跨越京阪電鐵線路之後，馬上就會看到**安養寺**（地圖 R-f），寺裡的觀音也是蟬丸的樂迷。

這座寺院的觀音別名為「立聞觀音」。有一位黑衣僧侶站在樹蔭下，聆聽隱居逢坂山的蟬丸彈奏琵琶。據說黑衣僧侶就是觀音的化身。從一般道路轉往高處走，穿越小小的山門。主神阿彌陀如來座像相傳為行基法師[7]製作，已被指定為國家重要文化財產。

安養寺門前的兩座石碑

本堂台階下有一座刻著「逢坂」的石碑，而一旁石碑上寫著蓮如上人[8]。這裡也是和蓮如上人有淵源的寺院，境內留有蓮如藏身的石頭以及當作替身的雕刻像。我一邊想像著被比叡山僧兵追趕至此的蓮如法師，一邊回到街道上。

往國道一號線右手邊的通道前進。

這裡有一塊「舊逢坂山隧道東口」的告示牌。我往小路走去看看。明治十三年（1880）竣工的日本第一個山岳隧道標誌，還殘存至今。

由日本人獨立設計、施工的隧道，至今仍應用在東海道新幹線與名神高速公路上。人們通常都只會注意到琵琶湖疏水道，但貫穿逢坂山的隧道工程也是明治的大建設之一。從東部搭乘東海道新幹線前來京都時，經過的第一個長隧道就是它。

舊逢坂山隧道東口

這條隧道目前已經不使用，站在已經被堵住的入口前，自然而然就會對前人立下的豐功偉業心生感謝。平常新幹線只要進入隧道，我們就會開始專心準備下車，完全不會想到這些過往功績，然而親眼看過隧道，以後就一定會想起這裡的景色了。

回到國道上。從兩側壓迫而來的山以及川流不息的車潮，實在稱不上是令人愉悅的散步道。如果想追求漫步山林的感覺，我建議從大津走另一條路線——「小關越」。若

「逢坂」是「大關」，相對而言就有「小關」。

小關越

從接近出發地點的札之辻，途經三井寺（地圖R-f）進入山道。雖然《平家物語》中也曾經出現過「小關越」，但可以和逢坂蟬丸抗衡的詩人恐怕只有芭蕉了吧！

——春日越山道，遠眺紫丁花。——

就算不知道小關越，應該也聽過松尾芭蕉的這句詩歌才對。芭蕉這首詩據說就是在描述小關越這條路的最高處。如果是在櫻花季節，絕對要選擇小關越這條路散步。因為這條路後頭還連著琵琶湖疏水道的絕美櫻花呢！

從JR的「大津」車站往西北方走，沿著京阪電鐵「三井寺」站旁疏水道散步。

無論是穿越三井寺或者往南繞，都可以一路欣賞櫻花。而且，三井寺也是近江的賞櫻勝地。

離開三井寺之後，馬上就會碰到「小關天滿宮」的鳥居。從這裡有一條路可通往藤尾。這條山間道路雖然比不上國道一號線，但也偶爾會有車流交錯。

好不容易終於來到山丘頂端，這裡有一座名為「喜一堂」的地藏廟。旁邊立著告示牌，上面寫著廟內供奉被棄置荒地草叢中的地藏菩薩。該不會芭蕉那個年代，這一尊地藏還在草叢中，旁邊還開著紫丁花吧？這條山道的氣氛就是如此閑靜。

從這裡開始，道路分成左右兩條，跟著往疏水道的指標走，進入左側較窄的小路。接下來有一段路是幾乎不會有車經過的山道。

只有簡單鋪面的道路兩側大多是雜樹叢，偶爾出現的紅色不知道是不是桃櫻。突然出現山櫻、垂枝櫻、桃花，這也是山道特有的享受。

走二十分鐘左右，就會抵達有人居住的村落。

進入西大津分流道，可前往藤尾聚落。從這裡再往前走就又是琵琶湖疏水道沿岸的櫻花之路。當疏水道變成暗渠之後，這一條仍然是可以俯瞰山科街道的賞櫻路，但若沿著和緩的右彎山道走就會看見石造的鳥居。這裡是諸羽神社（地圖O）。

神社境內一定開著美麗的櫻花。在這座神社內應該好好欣賞兩塊岩石：「琵琶石」與「座岩」。前者是和蟬丸一樣眼盲，善於彈奏琵琶的人康親王曾經坐過的石頭。後者是天神降臨時的磐座。最近的京阪電鐵站為「四宮」，據說也是「諸羽神社」的別稱。

KANEYO：享用鰻魚

接著，回到逢坂越。

橫越頭上的名神高速公路之後，左方的鐵道邊立著「日本第一鰻 KANEYO」的看板。雖然看板很誇張地寫著日本第一，但這間店的鰻魚從以前就是逢坂越的名產。

終於，右手邊可以看見「關蟬丸神社」的「上社」（地圖 R-f）了。長長的石階延續到深處，但我心裡一直掛念著鰻魚，所以得快快趕路。逕直走在坡道上，向右拐的大彎道前有一座「弘法大師堂」。走過這裡，才終於抵達逢坂山頂。我在大師祠堂前合掌致意，但肚皮和心思都已經飛到鰻魚那裡去了。

Y字路的盡頭，正中間又出現「日本第一鰻・鯉KANEYO」的看板，紅色的箭頭指向右邊。雖然不清楚開車的話會不會看到，但走路經過這裡絕對不可能沒看到路標。我毫不猶豫地往右手邊前進。

走進右邊的道路馬上就會看到「KANEYO」（地圖R-f㊿）。店內有大型餐廳和建在庭園中的本店兩區。難得來到這裡，當然想要一邊欣賞庭園一邊在榻榻米座位上享用鰻魚，所以我便選擇前往本店。

這真的是非常美麗的庭園。池塘引進音羽的水，幾間小屋就圍繞著池塘而建。池畔不僅種植櫻花，還有楓樹、皋月杜鵑、杜鵑花等植栽，完美呈現山中庭園的氛圍。

——逢坂山中真葛草，相思纏繫萬千條。
願隨枝蔓到君處，不被人知不必逃。——

這是三条右大臣藤原定方所作的詩歌。從這首詩就可以連結到關蟬丸神社裡種植的真葛草了。像這樣的細節正是漫步歷史街道的醍醐味。真葛草又被稱為美男葛，據說古代的帥哥都用這種樹的樹汁洗頭髮。

古代帥哥之一的定方，寫下這首詩歌。想著再也見不到面的女子，刻意用逢坂的逢字突顯悲戚之感。逢坂一帶一定有很多野生的真葛草吧！一到春夏之際，就會開始生長，到了秋天結出紅色果實，藤蔓四處延伸。真葛草的發音當中還含有暗示「同床共枕」的意味呢！

從曾經建有定方宅邸的三条到逢坂只有一條路。他將專情於一人的想法寫入詩歌之中。

這座庭園令人想起平安時代的種種。然而，烤鰻魚的香味，馬上打破夢境，腹中的饞蟲發出聲響真是丟臉。

首先上菜的是鯉魚生魚片。這就是冰鎮過的生魚片。沒有腥味、清爽的白肉魚，口感十分特殊。不能用吃鯛魚的方式吃這道菜。我選擇搭配醋味噌享用。

雖然鯉魚的味道也很吸引人，但感覺和鰻魚都一樣是口味濃密的料理，兩者互相衝突啊！我最後放棄還是選擇鰻魚丼飯。雖然說是丼飯，但這間店還是用黑色漆器盛裝上菜。料理方式採用關西風格的蒲燒，所以連魚皮的芳香都滲入魚肉當中。這裡的鰻魚飯分成一般、上、特、特上、級上五個等級，我覺得兩千七百日圓的特級鰻魚飯最剛好，加上鯉魚生魚片約為四千日圓。如果把百分之十的服務費當作座位的費用，就會覺得很便宜。

那味道真的是「日本第一」嗎？我們暫且不討論這個問題。遠州產的鰻魚肉質肥厚，燒烤的火候也恰到好處，而且能在歷史悠久的逢坂山頂享用鰻魚，光是這樣就很令人愉悅了啊！

KANEYO本店的金雞丼

逢坂關。標示關所遺蹟的石碑，就建在這家店以東的路上。

順帶一提，京都的新京極附近有一間同名的「京極 KANEYO」（地圖F㉓）鰻魚料理店，這裡也有「日本第一」的招牌。逢坂和新京極都有「金雞丼」這道厚雞蛋捲和烤鰻魚組合的丼飯。我猜想這可能是姊妹店，但是從沒有任何標示這一點來看，說不定兩者毫無關係。細節還是不要深究比較好，這樣的態度才是京都風格啊！

如果沒有特別想在近江散步，只想來這家店吃鰻魚的話，直接搭到京阪電鐵的「大谷」站，下車馬上就會看到店面了。從「京都市役所前」站搭過來，大約需要十五分鐘的車程。

月心寺：悄然佇立的知名庭園

欣賞完逢坂關所遺蹟的石碑之後，再度回到東海道。

這裡交通量很大。不只一般道路，就連京阪電鐵、名神高速公路都匯集在一起，所以會聽到很多車輛行走的聲響。左手邊一路都是民宅，我心想他們一定為噪音所苦吧！往前方看去，視線裡出現被長長土牆包圍的寺院。那裡就是**月心寺**（地圖 R-f）了。

此地的歷史可以追溯到茶屋以走井清水而聞名的時代，就連歌川廣重的東海道五十三次當中也有所描述。日本畫家橋本關雪曾在此地建別墅，最後才輾轉成了寺院。

平常這裡總是大門深鎖，但事前預約就能參觀。若行程已經訂好，務必事前聯絡寺方。

屋簷下掛著寫有「月心寺」字樣的風雅燈籠，穿過大門會先看到汩汩湧出的名泉。佈滿青苔的圓潤石井上，刻著「走井」兩個字。

深處的寬廣庭園歷史悠久，是江戶時代的著作《築山庭造傳》當中也有介紹的知名庭園。巧妙利用山坡斜面的池泉回遊式庭園，讓馬路上的塵囂宛若幻象，呈現沉穩的樣貌。

庭園裡的石橋和石柱令人印象深刻，石庭有一說為相阿彌所作，而且傳說這裡也是小野小町嚥下最後一口氣的地點。眾多歷史傳說，讓這座寺院顯得更多采多姿。

月心寺還有另一番面貌，那就是住持村瀨明道尼親手製作的素食料理。享用芝麻豆腐等素食料理，還可以聽住持說法，真的非常划算。長達一小時的住持說法，是充滿歡笑、淚水、憤怒等情緒的「村瀨劇場」，光是這場表演就很有欣賞的價值。只是這裡需要十位以上才能預約，成行的難度很高。既然如此，至少可以去品嚐一下廣重錦繪當中登場的走井茶屋菓子等零嘴吧！然而本家的「走井餅」據說很久以前就已經遷移至八幡了。而承襲本家的店鋪——**「走井餅本家」**（地圖R-f㊿）就在前面剛過追分那附近。

到追分的路上，可以說是枯燥乏味毫無可看之處，雖然只有一站，但我覺得直接搭乘京阪電鐵抄捷徑前往就好。這條路走著走著真的會心生厭倦呢！

當然，如果不排斥的話也可以一路走到追分。

毘沙門堂的櫻花

這裡是山科一帶的賞櫻勝地，住在京都的人很少會前往洛外。如果洛東、洛西、洛南、洛北有漂亮的櫻花，京都人才會特地前往。

毘沙門堂（地圖O）的櫻花，讓挑剔的京都人都特地前往觀賞。

從JR「山科」站往東走，再從「白蓮寺」西側沿著水道往北走就差不多快到了。跟著「毘沙門天王」的旗幟，走一段較陡的石階。上頭有一座仁王門。

相傳行基法師創建的「安國院出雲寺」就是這座寺院的前身。也就是說這是一座從藤原京時期就創建，歷史十分悠久的寺院。寺院正如其名，過去位於賀茂川沿岸的出雲路上，正好在跨越河川的出雲路橋旁。

如果是京都通，應該馬上就會想到吧！應仁之亂的起點「上御靈神社」就在附近。很輕易就能想見這裡也曾經被捲入戰爭之中。重複過幾次荒廢和重建，終於進入江戶時期，於寬文五年（1665）正式在山科復甦。

由此地往西走會碰到「天智天皇陵」，也就是**御廟野古墳**（地圖O），可能因為如此，皇子和貴族相繼在這座寺院出家，使得這裡充滿皇族寺廟的色彩且佔地曾經十分寬廣。

毘沙門堂至今仍佔地將近十萬坪。主神「毘沙門天」，相傳是最澄法師用雕刻「延曆寺根本中堂」裡的藥師如來時剩下的材料製作而成。當然，這是非公開的佛像，據說大小還不到三寸。

回到正題——毘沙門堂的櫻花。在宸殿前有一株樹齡據說超過一百五十歲的垂枝櫻花。這株櫻花橫向展開的樹枝結構十分壯觀。左右應該寬達三十公尺吧！這株櫻花別名為「般若櫻」，但我自己都稱為它為「廣角櫻」。從正面看這株櫻花，眼睛要左右擺動才能看清櫻花的全貌。

毘沙門堂北方有「**後山階陵**」（地圖O），仁明天皇的皇后藤原順子便是長眠於此。「山科」有時也寫成「山階」。應該是因為這個城鎮像是從山上一段一段像階梯一樣發展至今的關係吧！不過，說到山的階梯就想到古墳也是很理所當然的事情。那麼連結京都和近江的山間有這樣的城鎮，應該也是理所當然的吧！

從毘沙門堂沿著山道能通往大文字山。以前我曾經倒著走回來過，這是一條從春季到秋季都能愉快散步的山間道路。

此地有數條道路可通往京都。無論走哪一條，都一定會連接到京都。若想結合第二章漫步京都的路線，可以回到國道一號線上，直接一路向西走即可。

或者也可以選擇三条通。經過御陵翻越山嶺，就會連結到蹴上。再往前走就是東側的賞櫻之路了。

近江，這個名字總是搔動著我的心。它就像汲取不盡的泉水，擁有源源不絕的魅力。我希望有一天能夠把它集結成一本書，就算無法期待能像京都那樣熱賣，也希望出版社能感興趣啊！

---

1 長條狀的木造建築，隔間給多戶人家居住。
2 白洲正子，一九一〇—一九九八，隨筆家。
3 全採用質地堅硬的櫸木。
4 百人一首的紙牌上有男性、女性、僧侶三種角色，抽到男性的紙牌可以留著，抽到女性可以再翻一張，抽到僧侶就必須把手上的牌交出來。但是若有人抽到蟬丸，所有參加者都必須把牌交出來。
5 紀貫之，日本平安時期前期的歌人。
6 小野小町，平安時期女歌人，相傳美貌絕倫。
7 行基法師，奈良時期高僧。
8 蓮如上人，室町時代淨土真宗僧人。

第五章
京都櫻花速寫

春季的京都，很多人都是衝著櫻花而來吧！一說到春天就想到櫻花。也不是沒有思考過這種想法未免太老套，但若無論如何都要賞櫻的話，我倒是有一些絕美櫻花的口袋名單可以推薦。本章將介紹著名景點裡靜靜佇立的櫻花，以及和櫻花有關的京都大小事。

在近江以及漫步京都的章節中，我已經詳述過賞櫻路徑，本章希望能介紹一些在洛中隨處可見的櫻花。

這次不考慮路線，想到什麼就寫什麼，如果能像拼布一樣連接其他景點，對各位讀者的京都賞櫻之旅有所幫助的話就太好了。

每年快到春天時，就會發表櫻花的開花預測圖，雖然常常令人不知所措，但幾乎都和往年差不多。如果想看剛開始盛開的櫻花，大約在彼岸日之後，約莫三月二十五日較佳。若喜歡看櫻花飄落的風景，四月八日左右灌佛會（釋迦牟尼誕辰）過後比較剛好。如果是仁和寺一帶花期較晚的櫻花，時間大約會落在四月中旬吧！

晨曦中的櫻花

拂曉前「圓山公園」的垂枝櫻花

這是京都最具代表性的櫻花。只要櫻花盛開，無論是誰都會抬頭欣賞這株櫻花木並且由衷讚嘆。雖然是一株絕美的櫻花，但是越過重重人牆才能欣賞實在很不甘心。好不容易拍到的照片，卻總是有別人的手機入鏡，實在很掃興啊！

錯開時間是欣賞這株櫻花的關鍵，最好的時間點就是拂曉時分。櫻花盛開的季節，京都大概六點前就天亮了。比平時稍微早起一點，前往圓山公園（地圖F）吧！

前一天的宴會一定持續到深夜吧！地上還留有賞夜櫻的痕跡。昏暗之中，垂枝櫻花尚未甦醒。陽光漸漸灑落，終於，櫻花才睜開雙眼。櫻花最美最閃耀的時刻，就在這一瞬間。

天色將明未明，這段時間的櫻花最美。告訴我這件事的是日本畫家上村淳之先生。我為了請教欣賞、描繪櫻花的方法，曾經前往他位於奈良的住家兼工作室。據說上村先生為了這拂曉的櫻花，特地在夜裡前往京都，並且在天亮前就趕赴現場寫生。

「賞花的觀光客從早上就絡繹不絕對吧？傍晚的櫻花更可憐，看起來好像累翻了。整晚被燈光照射，櫻花也會累啊！其實花和人是一樣的。好好睡一整晚，就能消除疲勞。當陽光開始灑在身上時，櫻花也會充滿活力，想著今天也要好好開花啊！那個瞬間最美也是理所當然的事情吧！」

在眾多花鳥的圍繞之下，上村先生這麼說。

我們再欣賞一次拂曉前的垂枝櫻花吧！花多在早晨的風中搖曳，四周籠罩著薄薄一層霧，朝陽灑落的地方閃閃發亮。

這株櫻花已經是第二代，年屆八十七歲。第一代櫻花的樹齡高達二百二十歲，但很可惜已經枯死。現在的垂枝櫻花是取上一代的種子培育而成，據說誕生於昭和三年（1928）。

暴風雨的夜裡，守衛佐野藤右衛門拼命守護這棵櫻花也是家喻戶曉的故事。

欣賞完妖豔的櫻花之後若想沉澱心靈，稍微散個步再喝杯茶最好。在西洋建築裡的美麗咖啡店「長樂館」（地圖F㉑），一定可以度過非常愉悅的時光。咖啡店早上十點才開門，如果等不及，可以從石階下的交叉路口往西走，沿著四条通直直走到花見小路通。西南方的角落，一力茶屋對面就是「NOEN」（地圖F㉔）。早上九點就開始營業，在祇園町這種觀光勝地也能吃到廣受歡迎的晨間套餐。新鮮沙拉、培根炒蛋、奶油吐司再加上一杯咖啡，整個套餐不到日幣一千元。考量祇園是觀光景點，這個價格可以說是非常便宜了。

「長樂館」咖啡店

接著，欣賞完圓山公園的櫻花之後，我想推薦一項符合周邊氛圍的名產。

平野家本家：芋頭小餅乾

這是還沒什麼人知道，我獨家私藏的菓子店。以前介紹過好幾次冬季必吃的「燉煮芋頭」，用鱈魚乾和小芋頭一起煨煮的料理，具有京都特有的溫和口味，不僅限冬季就算春天夏天都會想吃。我聽聞「平野家本家」（地圖F⑳）近年重新推出過去曾風光一時的名產，便心想絕對不能錯過。

京都從以前就有「蕎麥boulo」或者「蕎麥boulu」這種餅乾，長久以來廣受民眾喜愛。而我今天要推薦的「芋頭boulu」就是芋頭版本的小餅乾。

「boulo」與「boulu」都是源自葡萄牙語中的「bolo」，意指烤餅乾。像是知名的離乳食品「衛生boulo」與沖繩的「花boulo」等，不少餅乾都是從相同的語源衍生出來的。蜂蜜蛋糕與金平糖的語源為葡萄牙文的「castilla」、「confeito」，這些南蠻點心就是現在日本甜點的原型。

首先，它的包裝非常精美，紙盒設計為春天的圓山公園。「平野家本家」後方是朦朧的東山。空中一輪滿月，垂枝櫻花點綴其中。天空呈現湖水藍。旁邊的建築物不知道是不是「知恩院」，山門還留有殘雪。

包裝設計竟然如此精美。我心想到底是誰的傑作，看了一下發現紙盒旁有「晁勢」的落款。這不凡的筆鋒，原來出自日本畫的泰斗——三輪晁勢之手。

懷舊的昭和風格搭配餅乾，讓人吃的時候更添風情。櫻花、雪花以及新月造型，做成一口大小剛剛好。

小餅乾放在嘴裡，一口咬下便碎裂成小塊，微甜的口感在舌尖上蔓延。那是山芋的香味吧？深刻的滋味，勾起令人懷念的回憶。

這才是京都的菓子，與時下甜點過度浮誇的低俗設計與甜味截然不同。恰到好處的餅乾設計與包裝，恰到好處的甘甜、柔和的口感，更令人喜愛的是沁人心脾的

「平野家本家」的「芋頭 boulu」

好味道。

京都名產的賣場中，日式洋式的點心互相交融，每種點心各有不同風格，這種也好那種也好，把京都拿來當作裝飾的餅乾排得密密麻麻。這些餅乾都不便宜，但也都很難感覺到京都的氛圍。我想這一定是因為從平成時代開始，店家就開始把京都當作招牌，自認：「我就代表京都」。宛如在產品裡加上「京都」這個人工香料一樣。譬如柚子香味的芳香劑和真正的柚香比起來差很多，頂多只是模擬柚子的味道而已。想讓柚子變得更香，但香過頭的時候，反而會讓人覺得是一種惡臭。

這種情形不僅限於和菓子，現在京都的口味，整體而言都太浮誇。照理說現在的口味比起昭和時期應該要更洗鍊、品質更好才對，但為何吃過之後反而讓人難以平靜呢？

我能想到的解答，就是人們的態度。至少在我小時候，京都的店家之間不像現在這

平野家本家

樣競爭。大家各守本分，在自己的範圍內做買賣。低調的用詞、不刻意彰顯自己，讓京都顯得更高雅，以前的商店幾乎都是這種感覺。當時，每個人心裡都蘊藏著一份京都人特有的溫柔。

「芋頭boulu」就像把京都人的心做成餅乾一樣，據說是昭和中期開發的復刻品。聽聞這個製作背景，馬上就能意會過來。

我也聽說因為產品皆由手工製作，所以很難量產。如果可以的話，我真心希望這間店不要被炒作，只讓了解好東西的人去品嚐並享受。

因為這裡是一間餐廳，所以十一點才開始營業。欣賞完拂曉的櫻花之後，到東山一帶散步，最後再回到圓山公園即可。初春的「燉煮芋頭」口味也很濃重，吃完午餐便可買一包「芋頭boulu」，那將會是一個悠閒的春日午後。

午後的櫻花

京都御苑：正午最佳賞櫻地點

無論是日式或西洋料理，京都的餐廳都是午餐比較划算。先到喜歡的餐廳吃完午餐，再去賞櫻當作飯後散步。若是打算走這個行程，那就不需猶豫，直接前往京都御苑（地圖G）。從三月中旬過後到四月中旬為止，不同的地點、不同的櫻花互相比美。

通常都是「近衛邸跡」的垂枝櫻率先開花。地點在今出川通的烏丸通和寺町通正中間，進入「今出川御門」之後往西走一段路就到了。這裡總是立著很多相機的腳架，所以馬上就能知道在哪裡。

宛如春霞般朦朧的花朵像四周伸展開來。周圍被竹籬笆圍住，樹枝和緩地畫出一道弧線並彎向地面，就像初夏時節某處的柳樹一樣。也很像夏日夜晚在空中劃出巨大圓形煙火，即將消失的瞬間。這裡有深紅色的花朵，也有幾近白色的淡粉色花朵。

雖然是垂枝櫻花，但只有這裡的櫻花被稱為「糸櫻」。那是因為這株櫻花，和舊時五攝家之一、大臣中的大臣——近衛家宅邸中的糸櫻有淵源。

近衛家的庭院，在室町時期素有「櫻花御所」之稱。雖然地點稍有不同，但氛圍仍在。經歷七百年的歲月之後，人們對肩負京都繁華與哀戚的朝臣，抱持景仰之心這一點從未改變。這也是京都人的堅持啊！

「糸櫻」之後應該是「淡墨櫻」吧！它開在石藥師御門附近。

雖然和染井吉野櫻很像，但花朵的密度更高。而且花萼底部膨脹也是一大特徵。

京都御院的櫻花，我認為最值得一見的就是「櫻松」。

從一棵樹到另一棵樹，這是連繫生命的寄生木。那是大約二十年前的春天，一棵樹齡近百年的黑松樹被強風吹倒，然而，之後卻在樹頂開出櫻花。

櫻花據說大約有四十年左右的樹齡，樹枝延伸至倒下的樹幹，枝頭每年都會開出可愛的花朵。松樹就像水盤一樣，盛接著向天空伸展的櫻花樹枝。再也沒有比這株櫻花更貼近日本人的心了。每年我都會排除萬難，到現場去欣賞「櫻松」的花朵。

左手邊可以看見大宮御所，接著往南走。從寬廣的砂石道，轉向宛如在縫補草皮間隙的細窄小徑。這條路的右側，一路都有櫻花。在萬綠叢中，到處都有粉紅色的花朵點綴。繼續往西走，就會有好幾條彎彎曲曲的小徑。這裡不僅有琵琶殿的遺蹟，也有「白雲神社」。御所佔地十分寬廣。接著，再繼續往南走吧！

北方是近衛家，南方就是紀貫之。他的宅邸被稱為「櫻町」。宅邸境內大多種植山櫻花，大約在每年四月初開花。

——春風拂過櫻花散，無水晴空起波瀾。——

紀貫之的詩歌，是屬於大人的詩歌。

照字面上解釋，詩歌意指風吹散櫻花，空中的花瓣紋理就像水波一樣。然而，若是用大人的詩歌來解釋，櫻花則是情人的隱喻。

肌膚上還留著情人的香味，儘管戀戀不捨，卻能慰藉相思之情，滋潤乾枯的身心。成熟女人的香豔情歌，就這樣消逝在春霞之中。

比山櫻花期更晚的是「出水小川」的里櫻與「菊庭家跡」的「車還櫻」。前者有許多風雅的名字，像是「一葉」、「妹背」、「普賢象」、「閑山」、「市原虎之尾」等，一一細看立牌上的字也是一種樂趣。

後者也是里櫻的一種，不過它美到讓後水尾天皇的御車回頭，因此得名「車還櫻」。最後壓軸的一定是霞櫻，它開在「迎賓館」的西北方一帶。四月中旬過後，接近黃金周時開始開花。

京都御院，過去曾經是帝王的居所，現在則是京都人休憩的地方。

京都人從平安時期開始，對天皇家的敬畏與親近感一直都保持同等距離，而春季的櫻花是兩者之間的連結。從三月中旬到四月結束為止，櫻花遵守著不成文的規矩靜靜綻放。

御所的蕎麥和菓子

比起賞花，吃美味的糯米糰子更重要。和菓子名店就在這附近。走出堺町御門，過丸太町通向南走。接著，繼續沿堺町通一路往南。不久就會在右側的建築物一樓，看到寫著「松屋山城」的暖簾。這裡就是「松屋常盤」（地圖G㉗）。這間店以味噌風味的烤餅乾「味噌松風」而聞名，但也有販售季節性的和菓子。尤其「金團」這一款菓子，口感真的無人能及。這款「金團」有一個別名叫做「攝影師也哭泣」。因為它實在太虛幻、太快就崩解，所以拍照時就算只是想稍微移動一下方向也沒辦法，連碰一下都不行。攝影時必須像在使用精密儀器一樣慎重。

因為這一款菓子就是如此鬆軟，所以口感絕佳，一入口就悄悄融化。

在京都，這種等級的和菓子，不可能臨時起意一去就買得到。環顧店內，並沒有設置展示櫃，只能看到菓子模具和盒子而已。這種店家都是採「座賣制」，不會展示做好的商品，而是依照訂單內容到後台取貨出來給客人，因此購買之前必須先預約。然而，這款「金團」菓子最近已經停止販售，十分可惜。

花桃：蕎麥麵的香氣

買完名產之後覺得有點餓的話，這裡又有一間很適合的店。

這是在洛中區域內，比較新的蕎麥麵店。店名為「花桃」（花もも，地圖G㉖）。面對丸太町通，介於麩屋町通和富小路通之間。從二樓座位可以俯瞰京都御院的絕佳位置，也是該店的賣點。

更值得讚許的是恰到好處的蕎麥麵。因為是我常去的「原田日本料理」介紹給我的店，所以我豪不猶豫地掀起暖簾了。

現在的蕎麥麵店，會不會再去第二次？我的評斷基準，是蒸籠蕎麥麵的份量。

蕎麥麵店的菜單上若是寫著一人份，就應該要做到點一份就能吃飽才對。吃完一份蒸籠蕎麥麵卻還肚子咕嚕嚕地叫，就稱不上是一人份。這種蕎麥麵店不勝枚舉。等好久才送來的麵，竟然動三次筷子就已經見底，這種店我絕對不會去第二次。

這裡的「竹篩蕎麥麵」無論份量和味道都符合七七〇日圓的水準。製麵粉中含有蕎麥糠的「田舍蕎麥麵」也是相同價格。喜歡蕎麥麵的人一定會選「田舍蕎麥麵」。因為數量有限，所以中午最好早一點去吃。中午的套餐菜單，只要加一五〇日圓就有蕎麥飯和一道小菜。如果想吃熱騰騰的麵，我推薦「鴨肉南蠻湯麵」。當然，如果只是午後有點餓的話，選「竹篩蕎麥麵」最好！

「花桃」的鴨肉竹篩田舍蕎麥麵

坐在面對京都御院的窗邊吧檯座，總是會不知不覺待很久。「蕎麥茶冰淇淋」這道餐後甜點也很不錯。而且，店名也很適合櫻花季節。梅花、桃花、櫻花。就連蕎麥都覆著一層粉紅色！

黃昏的櫻花

祉園白川的夜櫻

祉園白川的夜櫻，看這株櫻花要有面對洶湧人潮的心理準備。它開在名勝中的名勝——祇園新橋的「巽橋」附近，日落之後的樣貌最值得一見。當然，人潮也不是普通的多。儘管如此，四十三株櫻花盛開，花瓣窸窣飄落在白川上的景色，到了夜晚顯得更加豔麗。

過巽橋之後，前往辰巳大明神（地圖F）。沿新橋通往西走，碰到繩手通之後，踏上白川的石板路走回巽橋。慢慢繞一圈大概半個小時就夠了。這一條賞花路線，是在祇園一帶享用晚餐之後不可或缺的散步道。

一路上不只染井吉野櫻，還有垂枝櫻、山櫻競相綻放。若此時舞妓剛好走過，就沒有什麼比這幅場景更具風情了。可以的話，我希望那些拍照的小鬼和阿宅大叔不要出現。雖然我已經寫過很多次，把鏡頭對著藝妓、舞妓時一定要注意禮節。拍照前務必取得對方同意。絕對不能擋住對方的去路或要求對方停下來。因為她們都是在前往工作地點的路上啊！

晚上六點到十點會點燈，是賞櫻人潮最多的時段。建議在這個時間點之前或之後前往。可以的話最好在人潮散了之後再去。模仿上村先生的風格來說明的話，這個時候的櫻花已經累到不行，正準備就寢。這一瞬間最能感受垂枝櫻的萬分可愛。

——祇園何以醉人心，寤寐枕下流水聲。——

無比喜愛祇園的吉井勇[1]寫下這首詩歌。附近就有歌碑，對民眾而言十分耳熟能詳。

只要說到祇園白川就一定會想到這首詩歌，然而我認為以下這一首詩歌也很出色：

——雨落祇園地轉紫，道是春日留餘思。——

相較之下，我更喜歡這一首。

櫻花盛開時當然美，但櫻花季節結束後，從巽橋俯瞰水流，感受春日餘韻也不錯。

然而，詠嘆祇園櫻花的當然不只吉井勇一人。說不定反而是與謝野晶子[2]更有名。

——欲往清水經祇園，櫻月夜深人皆美。——

這首詩歌曾經引得歌人議論紛紛。考量祇園和清水的位置關係，晶子究竟是在哪裡寫下這首詩歌的呢？她又是從哪裡出發、往哪裡走，才會欣賞到櫻花盛開的月夜呢？她是要去見丈夫鐵幹嗎？還是和鐵幹走在一起呢？這些問題都只能問本人才能解答。

詩歌，就是要這樣曖昧不明才好，至少我這個門外漢是這麼想的。重點在於櫻花盛開的夜晚，月光映在人們臉上，讓每個人看起來都很美吧！祇園範圍很廣。可能是圓山公園，也可能是白川。就算是在八坂神社也說得通。

夜櫻再加上月亮。只要是日本人，任誰都會不禁讚嘆這個畫面。無論是前去會情人，還是和情人攜手漫步，不都會讓人難以抑制地心跳加速嗎？

若是被這種風情吸引，想找一家店坐一坐，就順著水流往左手邊走，沿著白川朝繩手通前進。不久，就會在轉角看見一間小店。

「時雨茶屋侘助」（地圖F⑲）。吧檯上擺著一排小菜，這就是所謂的「家鄉菜」居酒屋啊！

這是一切都恰到好處的店。

使用「麩嘉」[3]的生麩糕熬製成田樂燉菜、炊煮近江名產紅蒟蒻等，吃著口味質樸而風雅的小菜，一邊搭配熱清酒。

再來一點飛魚燉茄子好了，馬鈴薯燉肉看起來也很好吃。在這裡，時間緩慢流動的氛圍，與春天的夜晚非常契合。

時雨茶屋侘助

鴨川的午夜櫻花

離開店家往西走。瞥見「大和橋」這座小石橋，橫越繩手通之後，賞櫻之路還繼續延伸著。過不久，就會抵達川端通。寬廣道路的對面就是鴨川。雖然櫻花盛開，但這裡沒有行人可以走的斑馬線，所以想前往鴨河原，就必須走到三条或四条。此時只要依照住宿地點決定方向即可。深夜的鴨川夜櫻，非常值得一見。

鴨川三条到七条一帶的東岸，素有「花之迴廊」的稱號，一到春天就會有各種櫻花競相盛開。尤其是三条到四条間的河岸步道，種植許多垂枝櫻花，甚至可聞到花瓣的清香。

本來河岸有京阪電鐵的軌道，曾經有路面電車喀噹喀噹地經過。我曾經連續六年通勤前往大阪的大學，幾乎每天都能眺望沿線景色。鴨河原秋天有楓葉、冬季有雪景。沿著河川行駛的電車，總是能告訴我季節流轉。其中，春天的櫻花最令人印象深刻。

我記得當時的櫻花幾乎都是染井吉野櫻。列車宛如走過櫻花隧道一樣，只要電車一經過，便樹枝搖曳、花瓣漫舞。那真的是一段非常奢侈的通勤時間。

電車要地下化時我覺得無關痛癢，但聽說要砍掉堤防上的櫻花，我還是試著抗議了一番。我寫了封抗議信給京阪電鐵，也因此前往市政府。

爾後經過三十年的歲月，這一帶的景觀終於慢慢恢復到以前的樣貌。甚至可以說比以前更美吧！從前只有染井吉野櫻的單調景色，現在則有垂枝櫻、八重櫻等品種，各自在不同時間綻放。

為了安撫血氣方剛的青年，「三条」站的管理員以非常真誠的態度對我說：

「二十年，不，請給我三十年的時間。我們一定會讓櫻花再次回到這片土地！」

現在，這句話已經實現了。

若要分類的話，「花之迴廊」的櫻花整體而言算是花期較晚。進入四月之後才是最美的時期。尤其是五条通附近的八重櫻，往年都是在四月中旬之後才盛開。然而，此時最令人困擾的就是高架地板的準備工程。

鴨川夏季的經典景色就是在鴨川旁搭起高架地板的「川床」，近年都從五月份就開始開放。為了準備高架地板，工程剛好在這個時間就得開始。

如果想拍照留念，勢必會拍到準備高架地板用的吊車和鷹架。雖然有點煞風景，但也是無可奈何的事。因此，若想拍攝鴨川的櫻花，最好趕在十五日之前。

接近黃昏時，從鴨川漫步至賀茂川

三条、四条一帶的櫻花，總是散發出熱鬧又華美的氣息。那一定是因為從宮川町稍往東走就會碰到的祇園、以及在回頭路上的先斗町等花街柳巷，就沿著這條河川的緣故。舞妓走在「四条大橋」旁，若剛好櫻花花瓣也在此時灑落，就會形成一幅豔麗的美景。

雖然這樣也很美，但若想一窺素顏的京都，可以沿著河川回溯，過二条、丸太町之後前往今出川，一定要從鴨川走到賀茂川才行。

從「丸太町橋」這一帶開始，河岸的樣貌就會轉變。漫步河岸的當地居民來來往往，有養狗的人都會在這裡變成朋友。雖然是日常的河岸，但也隨處都開滿櫻花，京都人就愛這樣邊走邊賞花。

「今年的垂枝櫻顏色真深啊！」

「對啊！而且還開了好多花呢！一定是因為今年冬天夠冷吧！」

年長的夫婦在垂枝櫻樹下，停下腳步。腳邊的白色小狗，正在調皮搗蛋。櫻花盛開的時節，在丸太町橋南側的橋畔、西側河畔經常可以看到這樣的景色。

接近黃昏時，夕陽開始照耀東山。隔著鴨川可以眺望遠山櫻漸漸染上淡紅色的樣子。

沿著河岸繼續往北走。

從丸太町到今出川為止，這一段的鴨川河岸十分廣闊，走起來很舒服。從西岸可以眺望東山，走在東岸則自然就會看向北山。三個方向都被山環繞的京都盆地，無論在哪裡抬頭都能看到山景。較近的東山可以近距離觀賞櫻花的粉色，北山、西山只要凝神相望，也能在心中浮現遠山櫻的樣貌。

一路走到賀茂大橋。從這裡往北，朝右手邊的東側走就是高野川；左手邊的西側則是賀茂川，兩條路上都有成排的染井吉野櫻。

從賀茂大橋欣賞到的景色，真的讓我再度感覺京都是個充滿櫻花的城鎮。往北看時，左右兩邊的河岸旁，以及回首往南看時，從直直向前延伸的鴨川到蹴上「京都威斯汀都酒店」一帶，沿路都是櫻花從未間斷。

那麼接下來要欣賞哪裡的櫻花呢？就去適合品評櫻花的地點吧！

梅花與櫻花

梅宮大社的傳說

櫻花與梅花，這兩種花經常被拿來互相比較。

現在說到春天的花朵，大家馬上就會想到櫻花，然而，在日本古代說到花就一定指梅花。以和歌為例，《萬葉集》當中讚頌梅花的作品比詠嘆櫻花的和歌來得多。平安時期的京都人，一直都認為，說到春天的花朵任誰都會想到梅花。

在京都論梅花，第一個一定會想到北野天滿宮。然而，若是回顧京都的歷史，位於洛西梅津的**梅宮大社**（地圖P）就略勝一籌了。

嵐山、嵯峨野、接著是桂，位於洛西名勝金三角正中央的梅津，最近的車站是阪急電鐵嵐山線「松尾」站。梅宮大社和車站西側的松尾大社一樣以祀奉酒神聞名。其實我之前一直忘了這間神社的存在。之所以會想起來，是因為在離京都很遠的東邊，可以近距離欣賞富士山的河口湖畔，我聽到一個故事。

我在BS富士電視台的節目《絕景溫泉》當中，採訪了「湖山產屋」這間飯店。我聽說飯店的名稱「產屋」是源自於產屋崎，也因此飯店中還有供奉著木花咲耶姬女神的神社。

說到供奉木花咲耶姬女神的神社，京都人馬上就會想到梅宮大社。我在河口湖畔聽到的也和梅宮大社的傳說如出一轍。

木花咲耶姬女神是大山積神之女，應對方求親而嫁給邇邇芸命。成親之後木花咲耶姬女神馬上就懷了身孕。邇邇芸命十分驚訝，認為不可能只過一夜就懷孕。所以說出：「這孩子可能不是我的。」這種話。

眼看自己的清白遭人懷疑，木花咲耶姬女神建起一座小屋，把自己關在小屋裡並且放火。木花咲耶姬女神斷言：如果腹中胎兒是他國神明的孩子，絕對不會平安誕生。若能平安生產，那就一定是邇邇芸命之子。最後，木花咲耶姬女神在著火的小屋中平安產下邇邇芸命的三個孩子。這就是傳說的內容。

河口湖畔的飯店「產屋」，飯店名稱取自「產屋崎」這個地名。也就是說，相傳木花咲耶姬女神是在富士山山麓生下孩子的。

傳說先講到這裡，回到正題「梅宮大社」。正殿祀奉的四座主神分別是大山積神、女兒木花咲耶姬女神、女婿邇邇芸命、這對夫婦的孩子日子穗穗手見命。也就是說，這裡供奉大山積神整個家族。因此，這座神社除了以酒造之神聞名以外，也保佑家庭圓滿、孕婦安產。據說尤其是求子非常靈驗。除了木花咲耶姬女神生產的這段神話以外，另一個說法是「梅花」就代表「生產」[4]。自古以來就傳說梅花具有不可思議的靈力，所以這種說法絕對不只是玩文字遊戲而已。

神社裡還有宛如補足神話的一塊「跨石」，據說只要跨過這塊石頭就能順利求得子嗣、平安生產。

這座神社裡有寬廣的「神苑」，境內不只有梅花，每到春天也有櫻花盛開。東邊和北邊的神苑中種植超過二十個品種的櫻花，總共約有一百三十株，數量相當多。有這麼多櫻花，簡直堪稱櫻花園了。梅宮大社與櫻花。雖然乍看之下是很令人意外的組合，但其實這裡也是賞櫻勝地。

這裡有和仁和寺一樣晚開的「有明」櫻花。除此之外還有黃櫻、花瓣繁茂且呈淡粉色的「松月」等品種。

梅花與櫻花。兩者難分勝負，無論哪一種都美。梅花香氣高雅，櫻花色調豔麗。能同時在一間神社欣賞兩種花，在京都也算是屈指可數。就算為此專程前往洛西也絕對不吃虧啊！

櫻花設計——和菓子與小雜貨

京都可以說是和菓子的寶庫，這裡有許多櫻花系列的菓子。譬如「龜廣永」的「山櫻花」。這款菓子由淡紅色、白色、黃綠色三色交疊並輕巧地壓製而成，不僅口感絕佳，外觀也很美麗。這家店的薯芋饅頭有「散櫻」之稱，上面有象徵櫻花初散的烙印。

「末富」的「櫻合」是白色和粉色的櫻花糕餅貼合而成。在紅色的細長麻糬上，烙印櫻花花瓣的「花筏」則是出自以粽子形和菓子聞名的「川端道喜」。知名的和菓子真是數之不盡啊！我在這裡介紹兩家代表性的菓子店，分別販售能輕鬆品嚐的麻糬菓子和模仿櫻花造型的菓子。這些只是很小部分的例子，京都街道上還有很多值得品嚐的春日和菓子呢！

米滿軒：櫻花麻糬

這款和菓子以櫻花為設計概念。說到和菓子，第一個就會想到櫻麻糬吧！因為是麻糬菓子，所以不能算是季節性的菓子。雖然在茶席上也絕對不會出現，但是櫻麻糬一定會是京都人的話題之一。也就是大家會討論這家店、那家店的櫻麻糬味道如何，各自表明自己喜愛的店家。每間店的櫻麻糬都有獨特的設計，若只能推薦一家，我會選擇嵐山的那家店。

從渡月橋的北邊往東走。店面位於清涼寺附近的「米滿軒」（地圖P㊷）就是我推薦的店。

首先，外觀和一般的櫻麻糬不一樣。不是淡粉色而是白色。因為這是受某日本料亭所託，而打造出整年都可以享用的糕點。外觀看起來就很優雅。

內餡外頭裹著一層顆粒極細的道明寺粉[5]，微微的甜味，而櫻葉的香氣很明顯。其中隱含著這間店十分講究的細節，一般會使用專門栽培的櫻葉，而這間店卻使用伊豆大島野生的大島櫻葉片。

葉片包裹著麻糬。如果是柏麻糬就會撕掉那片葉子，但櫻麻糬是連葉子一起吃。因此，知名的菓子店當然會彰顯對櫻葉的重視，甚至有店家特地種植摘取葉片專用的櫻花樹。

這款和菓子讓人忍不住想用「香氣馥郁」來形容，用芳香的櫻葉包覆，這樣的櫻麻糬絕對不可能難吃啊！

嵐山「渡月橋」一帶，是櫻麻糬名店的一級戰區。在不同店家購買櫻麻糬，試吃比較也是一大樂趣。

紫野源水：春季和菓子

京都的和菓子，可以說是展現季節變化的象徵。藉由外觀、顏色的微妙變化，鮮明地模仿每個季節。

乾式的菓子在小巧的身體裡寫實地封存季節。精緻的作工只有經驗老道的職人才做得到。以豔麗的春日色調和溫潤的姿態，讚頌春天之美。

另一方面，生菓子就像印象派的畫。把形象化做實體。而且，最關鍵的重點就是菓子的命名。菓子的命名，必須讓人感覺花朵就在眼前。

一方面是因為離我家很近，「紫野源水」（地圖C⑥）是我經常光顧的店家。從北大路通往新町通走，就會看到該店的暖簾。

櫻花季節時，我會在這間店買「裏櫻」和「一瓣」這兩款菓子。這是多麼有美感的名字啊！「裏櫻」如字面所示，展現從內側看到的櫻花樣貌。也就是從下往上看櫻花的樣子。

「一瓣」亦是如此。這一款菓子，宛如一片花瓣乘風落在河面之前的姿態。白色和淡紅色的漸層非常絢麗，彷彿流星劃過一樣的尾端也很美。完全展現出西洋糕點中缺乏但日本特有的素淨風雅。

這間店還有另一款設計十分優雅的櫻花菓子。

伏見附近有一株墨染櫻。那是櫻花凋落時會變成墨色的罕見櫻花。模仿這株櫻花製作而成的和菓子名為「櫻木」，是一款染成茶色的壓製菓子。以大德寺納豆的味噌風味象徵花蕾，用桂皮的香氣表現樹枝。

——深草櫻木若有心，便叫花色成墨染。——

我想這款菓子一定是取名自西行法師的這首詩吧！京都的和菓子，真是令人賞心悅目啊！

Gallery 遊形：櫻花色香囊

京都最具代表性的知名旅館「俵屋」，是每個來京都旅遊的人所憧憬的夢幻住宿。雖然不是住宿門檻很高的旅館，但因為太受歡迎很難預約。既然如此，至少可以買一些有「俵屋」氛圍的相關產品。因為我已經寫過很多次，可能有讀者已經看膩了，不過我這次想寫的是春天才有的「俵屋」商品。

店內產品設計優秀、品項豐富。每一項商品都令人心動，而更吸引人的就是櫻花色調的香囊。放在背包裡，就能聞到春天的香味。販賣其他俵屋相關商品的「Gallery 遊形」（地圖G㉙）店內，還有許多適合櫻花季節的小物。我想一定是因為顏色很淡雅吧！各式包款和手機殼等，每一樣都是春季來到京都會想購買的商品。

Gallery 遊形的香囊

紙司柿本：傳統唇彩「京紅」

寺町通和二条通路口的北邊，這一帶是文房四寶的聖地。墨、筆、紙等，各有專賣店分佈於此地，其中也參雜一些骨董商，對一些愛好者來說具有難以抵擋的魅力。

其中我想推薦的就是和紙專賣店「紙司柿本」（地圖G㉚）。

紙司柿本

因為是和紙專賣店，所以當然會有各種和紙相關產品，小紅包袋、影印用紙、明信片、信紙、包裝紙等，只要是使用和紙的產品這裡都有。譬如買一張櫻花色的和紙當作紀念品也很不錯。然而，這間店近年最受歡迎的商品，是舞妓也愛用的「京紅」唇彩組。

說起來就是和風的口紅。京紅唇彩採用京都特有的優雅色調和唇筆刷搭配成一組，而且裝在西陣織的束口袋裡。束口用的玻璃珠模樣也非常可愛，是很適合春天的京都紀念品呢！

1 吉井勇，一八八六－一九六〇，大正、昭和時期的歌人。
2 與謝野晶子，一八七八－一九四二，明治至昭和時期的詩人、作家。
3 位於錦市場，販售麩的京都老店。
4 兩者發音皆為UME。
5 糯米蒸熟後曬乾磨碎而成。

第六章

春季旅宿

京都車站的周邊飯店

京都新阪急飯店

幾年前，我在京都新阪急飯店（地圖L）迎接元旦。我記得在更早之前，我是在「京都全日空王冠廣場飯店」（ANA Crowne Plaza Kyoto，地圖G）度過新年。大家一定會問，明明家在京都為什麼要住飯店？其實是因為寫稿的工作，一般都是在新年這段時間最忙，所以在飯店閉關寫稿最順暢。

這間飯店位於京都車站前，交通非常便利。「京都新阪急飯店」最上面的樓層，有剛翻新不到一年的豪華雙人房。京都的飯店應該都是除夕夜那天的價格最貴。究竟飯店的價格如何呢？

最近飯店之間競爭也很激烈，以集團的方式致力招攬住宿客的潮流越發洶湧。這間飯店屬於「阪急阪神第一飯店集團」。我在草津寫稿時經常入住的「草津波士頓廣場酒店」（Hotel Boston Plaza Kusatsu，地圖 R-d）也是同系列飯店。這裡就是小祕訣派上用場的時候。時下流行的點數，這裡也可以累積。把以前的集點拿來使用，再加上從會員專用的網頁可以更優惠的折扣價預約，真是好處多多，建議大家務必加入會員。

對方沒有要求我宣傳，當然更沒有給我什麼好處。因為不需要入會費以及一般會費，消費者不會有任何損失，只要享受好處即可，所以我認為沒有什麼理由不加入會員啊！

我在其他書中介紹過的「Daiwa Roynett Hotel 京都八条口」也一樣，只要加入會員就可以累積點數，使用那些點數甚至還可以免費住一晚。

當初我曾經看輕這些點數，但嘗試使用之後，意外地非常划算，所以最近預約飯店的時候我都會把點數納入考量範圍。預算很充足的人可能會覺得這種事情一點也不重要，但若是想在預算範圍內住到最划算的飯店，這就是很切身的重要問題了。

我想很多人在搜尋時，會包含飯店的官方網站在內，找出最便宜的價格再預約，不過近年來附加點數這一項也必須納入考量了。譬如之前就曾經有過這樣的例子：

某次在北陸地區的溫泉地有採訪行程，因為一大早就要開始取材，所以必須搭乘當天早上第一班列車，否則就會來不及。近年，北陸地區降雪量多，火車很有可能會誤點，根據狀況不同甚至會停開。因此，我都盡量在前一天就抵達現場附近。這是我一般會採取的方式。像這種費用通常都必須自掏腰包，所以最好能找到便宜又舒適的飯店。這時候我就會像剛剛提到的，比較網站上的價格。從符合條件的飯店當中找到最便宜的價格，正準備要預約的時候，突然想到比較看看附加點數的方案。

當時我找到的是富山車站附近的商務旅館。樂天網站上最便宜的價格是六千五百日圓，點數為一％。同網站中有七千日圓的價格，但點數為十％。樂天的點數是一點等同一日圓，所以這個方案有七百點，也就是說算起來實際上只要六千三百日圓，比剛才的最低價還便宜一三〇〇日圓。

雖然感覺是很小氣的話題，但就算只是一三〇〇日圓也能積少成多。我建議大家不要被眼前的最低價迷惑，充分比較之後再做決定也不遲。

✽新年的「鯡魚蕎麥麵」✽

除夕和一月一日連住兩晚雙人房，兩天都附早餐，雙人六萬日圓初頭，可以說是很划算的價格了吧！因為算下來每人每晚只要一萬五千日圓啊！雖然很囉唆，不過還是要強調，這個價錢是從除夕夜到新年的連續住宿，而且還附早餐。

直到我辦入住手續為止，我都很提心吊膽，但進了房間之後就安心了。空間雖然算不上寬敞，但是至少也有個大型衣櫃，以這個價格來說已經沒什麼好挑剔了。

除夕夜，我吃完晚餐，往年這個時候應該才剛做完年菜，那一年沒有這項工作，我躺在床上有一下沒一下地看著紅白。突然想到一件事。對了，過年要吃蕎麥麵！我馬上打電話到櫃台，心想飯店一定會有新年的特別活動。結果櫃檯的回覆令人意外，說是沒有什麼特別的活動。

沒想到竟然有這種事。從房間的窗戶可以看到便利商店。如果去那裡，應該可以買到那一類的食物吧！就在我左思右想的時候，床邊的內線電話響起。

十五分鐘後，熱騰騰的「鯡魚蕎麥麵」就送到我房間了。

這並不是什麼特別招待。說穿了就是客房服務的一般菜色而已。雖然不是為了新年而做的蕎麥麵，但櫃台員工卻替我想到客房服務的鯡魚蕎麥麵。趕在停止點餐的晚上十點之前，送到房間來的鯡魚蕎麥麵真的很美味，讓我安穩地度過了新年。

✽令人身心舒暢的和式早餐✽

除夕翌日早晨。元旦當日的天空蔚藍。最令人煩惱的是早餐。連過年蕎麥麵的活動都沒有，該不會連早餐都跟平常一樣吧？早餐券上蓋著限一月份有效的章，更覺得忐忑不安。

我刻意避開元旦一早就要拿著托盤到處遊走的自助式早餐，選擇和食類型的「美濃吉」（地圖L㊶）。「美濃吉」是一間被遺忘很久的餐廳。以前以鰻魚料理為主，曾經風靡好一陣子，但是當它開始跟隨潮流拓展為家庭餐廳時，我就開始對這家店畫上問號。該店把位於栗田口的總店更名為「竹茂樓」，意圖從零開始。

我懷著各種心思，前往位於地下室的餐廳。早上七點二十分，空間不算狹窄的店內，早已經坐滿。店內的裝潢是令人懷念的民藝風格。我坐在等候區等待，不久之後服務人員帶我前往桌椅席，我的座位背後有一幅皆川泰藏繪製的京都名勝圖。皆川是我祖父非常喜愛的一位染色家。

出乎意料地相會，搭配屠蘇酒和白味噌雜煮年糕湯，讓我可以在元旦悠哉享用和式早餐，真是一間恰到好處的飯店啊！

姑且不論過年住宿，之所以推薦這間飯店給來京都旅遊的人，最大的原因就是交通方便。抵達ＪＲ「京都」站之後，穿過地下街走到地面上，只要再十步左右就能抵達飯店入口，是一間下雨也不需要撐傘的飯店。

洛東、洛西、洛南、洛北，在京都旅遊不管要去哪一區，ＪＲ「京都」站都是起點。直接連結車站，非常方便。無論是一人或二人，我想對來京都旅行的人而言，都會是很方便的飯店。

京都格蘭比亞大酒店

一樣以「京都」車站為基準，京都格蘭比亞大酒店（Hotel Granvia Kyoto，地圖 L）風格就有點不同。首先，價格不同。相較於剛才介紹的京都新阪急飯店，住宿費完全不同。譬如之前舉例，除夕和新年的連續住宿費用，就是京都新阪急飯店的兩倍以上。當然，等級一定和價格相符，所以儘管放心。只要依照預算選擇即可。

因為位於 JR「京都」站正上方，所以交通位置十分便利，堪稱無人能及。我之前不怎麼介紹這家飯店，是因為房型以雙人房為主。對獨自旅行的旅客而言，沒有單人房的飯店很不方便。

這次我以預算充裕、兩人之旅為前提條件，來介紹這間飯店。最近的飯店，通常從標準房到蜜月套房，分成好幾個等級。簡而言之就是從低價到高價的房型都有。要如何選擇等級，端看預算決定。

先撇除商務旅館不談，這種等級的飯店，依據房型等級不同，舒適度的差異很大。

我推薦高級房、豪華房這個等級的房型。或者也可以選擇相當於特殊樓層的「高級客房樓層」。

這種房型和標準房有什麼差別？首先舒適度就不一樣，而且房間大小不同，從房間看出去的景色也不同。除此之外，可以使用專屬的吧檯，無酒精的飲料可免費暢飲，差別實在很大。問題在於對這些附加價值，消費者需要付出多少代價？

官方網站上雙人房的價差將近一萬日圓，但若使用「一休.com」等網站，有時可以縮小這段價差，如果時間掐得剛好，甚至只要多付一千元日幣房間就可以升級。

「高級客房樓層的高級雙人房」室內面積有三十四平方公尺，空間很大。從大面積窗戶俯瞰京都街道，可以充分體驗壓倒性的美景。

我一直到入住為止，都不知道這間飯店有室內游泳池。

三樓的角落配備健身器材，擁有三個水道的游泳池、按摩浴池、桑拿室等。從早上七點到晚上九點，住宿於飯店的客人可以以一〇八〇日圓的價格使用。尤其是早上七點到九點的時段只有住宿客能使用，很適合早晨暖身。而我剛好碰到無論使用幾次都免費的時期。雖然只適用冬季到初春這一段淡季，但聽說如果反應好的話也可能再度實施。如果已經決定好要住宿，請務必提前預約。

在「京都」車站上方的室內游泳池游泳，感覺是既奢侈又不可思議的體驗。想追求這種附加價值的話，只有某種等級以上的都市飯店才能做到。

在京都住飯店，第一個考量的事情，就是除了床位之外還想要什麼樣的附加價值。如果沒有什麼特別的需求，選擇交通方便的商務旅館即可。若是有其他需求，則依照該需求選擇都市飯店。

譬如想眺望市區內的景色，也有適合的飯店。

眺望美景的京都飯店

我自從參與《絕景溫泉》這個電視節目之後，就對絕景這兩個字很敏感。比起景色不佳的房間，當然還是有美景的比較好。以前選擇飯店的時候，我覺得景觀好壞並不是太重要。雖然會盡量避開窗前看到其他建築物的類型，但並不會特別想住能夠看到絕景的房間。

景色也是饗宴之一。我最近越來越有這種感觸。什麼都能宅配到府的時代，只有景色絕對無法宅配。專程到現場，才能看到絕景。因此，我才會覺得在京都住宿期間享受美景也很好。

接下來，我想推薦幾處能夠眺望京都特有絕景的飯店。

京都大倉飯店：眺望東山美景

「京都飯店」，明明這間飯店納入大倉體系已經好幾年了，但我到現在都還是會這樣稱呼。不只是我，就連搭計程車時，碰到年長的司機，跟他說要去「京都飯店」大概也不會多問就可以直接載到目的地。蹴上的「威斯汀都酒店」也有一樣的情形。說到京都以前的飯店雙雄，大家就會想到「都酒店」和「京都飯店」。

通常這種情形下，京都人的個性一定會選邊站。選定其中一邊之後，大概就不會再改變了。明治時期出生的祖父，就是徹頭徹尾的「京都飯店」派，雖然仍然會因為開會不得已前往「都酒店」，但每當這種時候祖父都會一臉不高興地離開家裡。

祖父是非常典型的老頑固，他心裡認定東京是「帝國飯店」、京都就是「京都飯店」，而且一生都未改變過想法。

當時當然沒有在這裡住宿，主要都是開會或聚餐、宴會等場合才會來飯店。我自己也是這樣，印象中出席婚禮等場合的機會很多。

再回到主題「京都大倉飯店」（Kyoto Hotel Okura，地圖F）。雖然現在是京都市內最高的高樓飯店，但以前曾經是一座低調西洋風建築的傳統飯店。自從這座高樓飯店落成之後，我就漸漸不再來了。

「京都不需要這種高樓飯店！」當初有很多人這麼想吧！知名寺院群起展開反對運動，甚至拒絕入住這間飯店的客人前往寺院參拜，態度非常強硬。先不論誰對誰錯，不管走在鴨川還是寺町通上，這座高樓飯店一定會映入眼簾，當時實在很難對它有好感。

光陰似箭。當初的對立彷彿不曾發生過一樣，現在飯店的大廳經常可以看到僧侶的身影。來去能眺望東山的房間住一晚吧！當我這麼想的時候，這裡已經改建超過十年以上了。

如前所述，我又到訂房網站上比較房價。飯店的房價絕對稱不上低廉，所以我更努力搜尋。有些會因為飯店或網站不同，出現很大的價格差異，但「京都大倉飯店」似乎不打算走差異劇烈的路線。我把房價一字排開，發現根據景觀不同，價格落差很大。

像這種情況，我就會直接在飯店官網上訂房。如果一開始就打電話過去，價格可能就會是定價，所以我先登錄會員，再用網路預約。譬如某個淡季的平日，單人房價格從一萬三千到最貴的單人用東山美景雙人房二萬一千日圓都有。

難得來一趟，當然想住住看能夠眺望東山風景的房間。儘管我這麼想，八千日圓的價差是在太大。如果有八千日圓，都能好好吃一頓晚餐了吧！可是，單人房的話，不知道會看到什麼景色。想去住「京都大倉飯店」不就是期待美景嗎？我不停重複這樣的自問自答，最後還是優柔寡斷。好希望有人能替我決定啊！

那就交給神明決定好了。我把決定權交給銅板之神。反面的話就選便宜的，正面的話就選貴的，而神明給我的答案是……。

✽能觀賞遠山櫻的房型✽

剛過立春。寒風中，我走進河原町通的入口。門僮在那裡候著，招呼我進飯店。從這時開始，就可以感受到都市飯店的舒適。如果是商務旅館，絕對不可能做到這個程度。門僮問我：「要辦理入住嗎？」然後便迅速接過行李，帶我前往櫃檯。

我有點緊張，因為接下來要開始上演小劇場。

「我有預約房間，敝姓柏井。」

「柏井先生，讓您久等了。麻煩您填寫資料。」

櫃台工作人員把住宿資料卡遞給我。

「我在網路上預約單人房，但是現在又覺得，當初要是選東山美景雙人房就好了，實在有點後悔。」

我邊說邊慢慢填資料。

「是這樣啊！」

工作人員邊說邊把目光從我身上移到電腦螢幕前。

「請您稍等。」

女性員工敲打著鍵盤。我覺得越來越緊張。需要填的資料我都已經填完了。就在這個時候，女員工微笑著說：

「柏井先生，剛好今天東山美景房有空房，我們會為您升等。」

現在就高興還太早。

「請問要加多少差額？」

「不用。因為是基於我方的判斷才升級，這次不會追加費用。」

雖然很想當場大肆展現我的喜悅，但當下還是成熟地以微笑回應。

「謝謝妳。」

絕對不是因為對方讓我免費升等才這麼說，但櫃台人員的應對進退真是不得了。這種服務，只有傳統老店規格的飯店才能做到。

雖然我不清楚有什麼判斷基準，不過大該是把當天的空房狀況以及當天來客數放在天秤上衡量，最後才得出結論吧！當然，要求支付差額的情況也不少，也有可能有空房但是對方卻用房間已滿來拒絕。

動之以情是我的作法。最不可取的就是採用強硬的態度。畢竟櫃台的工作人員不只是飯店人，也是一個有血有肉的普通人啊！

聽完說明後，我前往房間。雖然不是最高樓層，但從十一樓看出去的景色也很美。東山山峰近在窗前，美景魄力十足。我心想若是櫻花盛開的季節，這裡一定能看到遠山櫻吧！

面積三十七平方公尺的高級雙人房，空間非常寬敞。一個人反而不知所措，二個人的話就可以依偎在窗邊，瞇著眼睛眺望東山的遠山櫻了。

大津王子飯店：欣賞比叡山夕陽

對京都人而言，比叡山是日出之山，就算天地倒置也不可能變成日落之山。因為無論何時眺望比叡山，都會一路連結到東山連峰之北，所以京都人相信這是永遠不會改變的真理。

因此，當我從「大津王子飯店」（Otsu Prince Hotel，地圖 R-f）的房間看到夕陽漸漸沒入比叡山時，一句話都說不出來。

雖然是一件很理所當然的事，以琵琶湖的地理位置來看，比叡山位於湖西，所以夕陽會往山峰西沉。然而，要坦然接受這件理所當然的事情，還是需要花一點時間。我懷抱著某種感動，豪不厭倦地眺望從飯店看出去的夕陽景色。

從京都街道上看過去，比叡山呈現銳角狀，但從琵琶湖的方向看過去，則是線條溫和的山峰。頂端就像台地一樣，讓人完全不覺得是同一座山。

「大津王子飯店」是位於大津湖岸的超高樓飯店。如果不是出自丹下健三[1]設計很可能就蓋不成了！畢竟飯店非常突兀地從琵琶湖岸往天空延伸。

最近的車站是JR「大津」站。離「京都」站有兩站的距離，乘車時間只要十分鐘，地理位置很接近。從JR「大津」車站到飯店的接送巴士，大概每隔三十分鐘就有一班，出發前宜先確認發車時間。

最頂樓的三十八樓是法式餐廳。客房最高樓層雖然只到三十五樓，不過到這個高度的話，景觀幾乎沒有什麼差別。三十樓以上的客房，應該就可以充分享受琵琶湖的美景了。其中有一個最適合欣賞比叡山夕陽的房間，那就是我這次入住的三十四樓「高空樓層 EIZAN」。

我像之前一樣，比較各個訂房網站，這次是樂天旅遊拔得頭籌。週日入住單人用「高空樓層 EIZAN」雙人房價格為一萬五千日圓。

順帶一提，我聽說「高空樓層 EIZAN」的雙人房，一般價格為三萬八千日圓。也就是說，這個價格相當於一般價格的三分之一。

從近江的湖東遊到湖北，最後回到飯店。這個時間點，剛好就是夕陽往比叡山西沉的時候。峰峰相連至北良山峰，會漸漸被染紅。只有這間飯店的這個樓層才能夠欣賞到此等美景。真是奢華的近江住宿啊！

比叡渡假飯店：櫻花與湖畔

從「大津王子飯店」眺望比叡山峰，山頂和緩向南延續，那裡還有一間飯店，只要凝神注意看就會發現那裡好像有一棟建築物。當然，從那間飯店也能夠俯瞰琵琶湖。

京都的飯店，有很多都是從我小時候就一直經營到現在，不過其中也有幾間飯店改了名字。剛才的「京都大倉飯店」與「京都威斯汀都酒店」就是這種飯店之一。

就像京都人直到現在也還是在心裡沿用「京都飯店」、「都飯店」的稱呼一樣，建於比叡山山麓的「**比叡渡假飯店**」（地圖R-e），在我心裡仍然是「比叡山國際觀光飯店」。

能俯瞰琵琶湖景色的房間只限蜜月套房以上的部分房型，但從餐廳或露台也能眺望琵琶湖。從比叡的中段眺望琵琶湖，無論晝夜都是絕景。正下方的湖西坂本一帶往右可瞭望濱大津、近江大橋；往左可以看到對岸的湖東地區。這樣看來，就可以知道近江當中琵琶湖佔的面積比想像中來得小。我本來以為有三分之一，詢問飯店的人之後，對方告訴我大概只佔六分之一左右。近江就是擁有平原、山景，風土豐富之地。

✽晚開的夜櫻✽

說到為什麼要在春天入住這間飯店，是因為比叡山的櫻花比較晚開。比叡山的櫻花祭——「萌櫻會」在黃金週舉辦，聽到這件事應該就能了解這裡的櫻花有多晚開了吧！

比叡山的賞櫻之路，大概種植了一千八百株櫻花。其中幾乎都是染井吉野櫻和八重櫻，但依照地點不同也會有罕見品種，像是洛中「平野神社」中可以看到的「手弱女」和「衣笠」、奈良「東福寺」中的「楊貴妃」等品種，都會在此地盛開可愛的花朵。

比叡山的山腹大約有十處賞櫻名勝。在洛中的櫻花開始凋零之際，這座山的櫻花正要盛開。從山麓到山頂依序開花。

若要問我哪一個才是私房景點，我會推薦離「比叡渡假飯店」很近的「夢見丘」夜櫻。

無論是櫻花或楓紅，我都寫過我不喜歡點燈的景色，然而只有這裡不一樣。四月中旬，太陽西沉後這裡就會一起點燈，染井吉野櫻和山櫻花在闇夜裡格外顯眼。而且遠方琵琶湖的夜景也隱隱閃爍。宛若現代的幽玄之境。是否還有其他地方能夠欣賞到這樣的景色呢？

櫻花、湖畔、街燈以及夜空，我認為這是很難得的美景。就算只是為了美景而住宿

「比叡渡假飯店」也很值得。

這是一間效仿法國景觀旅館，十分清新脫俗的飯店。房間輕簡優雅，餐廳氣氛也很活潑。附設咖啡廳「Cafe de Lairelle」的露台座位最佳。坐在宛如融入綠意之中的椅子上，一邊俯瞰琵琶湖一邊度過午餐時光。這是在洛中絕對不可能擁有的享受。旅行京都時，務必來此地一遊。

旅宿京都海邊

旅宿天橋立：紅酒之宿・千歲

我曾經在《極品：一個人的旅行》（光文社出版）一書中，介紹過「對橋樓」（地圖Q-b）這間旅館，不過在日本三景之一的天橋立一帶，還有幾間不錯的住宿。「紅酒之宿・千歲」（地圖Q-b）就是其中之一。

若要住宿天橋立，照著以下的行程走怎麼樣？

盡量早起出發，譬如早上六點從「東京」站出發就剛剛好。如此一來，剛過八點就可以抵達「京都」站。為避開春季人潮，一大早就出發是明智的選擇。大多數的寺院都在早上八點就已經開門，最好在人潮還沒開始出現時就先完成寺院、神社的參拜行程。

一大早就開始活動，肚子也餓得比較快。早點吃午餐也可以避開人潮，簡直好處多多。完全可以體現「早起有三文錢之德」[2]。順帶一提，是「德」不是「得」喔！用「得」這個字就太過現實了。我想把它解釋為早起是一種美「德」。

下午總會想要散散步消化腹中美食，但現在京都可是正值春日。在一年當中人潮最多的季節裡散步，簡直有勇無謀。

此時避開櫻花，逛逛美術館才是最佳選擇。櫻花眾多的岡崎地區有**京都市美術館**（地圖E）、**細見美術館**（地圖F）、**京都國立近代美術館**（地圖F）幾個獨具風格的美術館匯集於此，可以在這裡讓眼睛獲得充足的營養。尤其是「細見美術館」當中，琳派等藝術流派的展覽十分有趣。下午入場的人很少，所以可以悠哉地欣賞作品。

參觀完之後，可以一邊在車站物色京都名產一邊調整行程時間。JR「京都」車站近年來迅速修整，現在已經出現好幾個購物街。最具代表性的就是「JR京都伊

細見美術館

勢丹」的地下樓層。地下一樓是以菓子為主的京都名產，地下二樓有熟食和京都名產。一旁的「The CUBE」也是才剛改裝完沒多久的購物空間，還有地下街「Porta」以及八条口的「都小道」等購物街，不愁沒地方找名產。若是時間不夠，車站內也有很多店家可以選擇。

只要搭上下午三點二十五分從「京都」站發車的「特急橋立七號」，就可以在下午五點二十七分抵達天橋立車站。完成二個多小時的火車之旅後，從車站走到住宿地點路程不到五分鐘。春天的傍晚五點半，太陽還沒西沉。先洗個澡，悠哉地等待晚餐。以距離來說應該有一百公里吧！感覺好像來到很遠的地方，但這裡卻還是京都。丹後半島真是一個不可思議的地方，從天橋立稍微往東走就是福井縣的若狹，往西走就會到兵庫縣的但馬。只有正中間的區域屬於京都。

若要住宿天橋立，有一個地方我建議一定要去繞一繞。

丹後半島有一個名為間人的港口（地圖Q-a）。從天橋立出發，車程大約是三十分鐘左右的距離。剛好就是縱向走過丹後半島的感覺。

這裡的名產就是所謂的名牌螃蟹。說到間人蟹，在京都的美食圈可以說是無人不知無人不曉。

日本海波濤洶湧，到了冬天海浪又更劇烈。正因如此，間人蟹價格居高不下，在京都的料理店也十分受歡迎。然而，間人這個地名背後有一個非常動人的故事。

漢字寫做「間人」，一般習慣上不會讀為「TAIZA」，大概會讀「KANZIN」吧！然而，聖德太子的母親是間人皇后。讀音為「HASHIUDO」，這也是地名的由來。厭倦政治鬥爭的間人皇后，逃離京都移居此地。村人十分慎重地招待，讓間人皇后十分感動，於是將自己的名字給予這片土地。

村民雖然心懷感謝但仍有顧忌，所以只留下漢字，婉拒使用讀音。因為是承蒙已經退位的皇后賜名，故選擇將讀音改為「TAIZA」[3]。

如此動人的故事，也無法彌補料理人自傲擁有間人蟹這種高級食材的矛盾。

近年來，有很多料理人會展示自己親自到田裡採收蔬菜的過程。「這就是料理人對食材真誠的態度！」所有的媒體都如此評論。那麼我想問問看，有沒有哪個料理人，願意一起前往冬天的蟹場捕蟹？

正因為海洋就是隔著一片船底板的地獄，所以出產於此的間人蟹才會是名牌蟹。在海上拼命的漁夫，卻不像最近的農家充滿驕傲。從不喝斥料理人，只是平靜地捕魚，再把漁獲拍賣或者送到熟識的料理店。這樣高潔的姿態，十分可貴。

接著，就回到旅館吧！客房只有七個房間。每一間房都獨具匠心，設計走現代風格，這次我推薦的是三〇一號的「黎明」房。

窗戶下就是流動的運河，堪稱天橋立名景的「迴旋橋」就在眼前。這座「迴旋橋」只要有船隻通過就會旋轉，讓出一條船道。這轉換的風景，怎麼看都看不膩非常有趣。坐在窗邊的按摩椅上，一邊震動身體一邊欣賞「迴旋橋」是我的祕密享受。

這裡總共有四個浴池，可以享受俗稱「美人湯」的天然溫泉。以金松木製成的桶型浴缸讓人身心舒暢。湯泉滑潤，就連金松木的表面都滑溜溜的。洛中不太習慣泡溫泉，但在北端的天橋立泡湯觀念卻根深蒂固。比起在洛內尋找溫泉，不如走訪丹後。近年來，很令人開心的是越來越多日本旅館備有優質紅酒，但我目前還沒見過其他旅館能像這裡一樣酒單如此齊全。

對紅酒有興趣、愛喝紅酒的人，務必在旅館網頁上瀏覽一下酒單。看過之後一定會感到震驚的。

這是一處面對日本海的旅館。就算是不喝酒的人，光享用餐點也很令人滿足。除了經典的海鮮以外，還有使用京都牛肉和當地蕎麥粉製作的手打蕎麥麵等料理，餐點種類豐富、菜式融合西洋日式的套餐，皆可在此慢慢品嚐。

京都是山的國度。而這個住宿地點雖然在天橋立，卻也在京都府之中。若想要同時享受海景與山景，可以選擇在洛中住一晚，另一晚則留宿於此。既可以欣賞日本三景之一的名勝，又可以享受幸福的紅酒。春日的京都之旅，選擇住宿時若能加上這樣的地點，一定會增添更多樂趣。

1 日本建築師，曾獲普利茲克獎。

2 日本的俗諺，等於早起的鳥兒有蟲吃。

3 日文的「退位」發音為 TAIZA。

結語　品味京都的四季流轉

四季更迭。在日本經常可以聽到這個詞彙，每個人都能感受的季節變化，並且配合季節生活。世界雖然很大，但我想應該沒有其他國家會像日本一樣這麼重視季節吧！

日本的季節變化總是鮮明地映在眼前，連皮膚也能清楚感受到。北國的北海道也有夏天、南國沖繩也會有冬天。日本列島上，一定會有四季。

不只是四季而已。還可以細分成二十四節氣。除此之外，還有七十二候。一年三百六十五天分成七十二份，每一份只有五天。也就是說，每五天就有季節變化，而我們品味、讚頌這些變化。

陰曆和陽曆讓季節出現落差，雖然有些不相符的地方，但那也無所謂。我們還是會找出平衡點，按部就班進行一年當中的大小活動。

京都人把這些事情視為理所當然、視為日常，一直生活到現在。

夏天格外酷熱，冬天寒冷徹骨，這樣的氣候實在很嚴峻。夾在中間的春季和秋季的景色，就像在獎勵我們一樣，美得難以言喻。

熬過既嚴峻又艱辛的漫長冬日，春季終於降臨，京都人臉上的表情不禁放鬆下來。花朵的顏色從白色和粉紅色，到黃色以及紫色目不暇給地變換，讓京都的街道充滿色彩。請務必參加在洛中舉辦的各種活動與祭儀。再加上還有春天特有的美食，造訪京都真是享樂無窮！

春季有春季的京都，夏季有夏季的京都。充分享受春季的京都之後，想必您一定會想一探夏季的京都！

貴船神社
鞍馬寺
由岐神社
鞍馬
貴船口
二瀬
市原
二軒茶屋
京都精華大前站
三千院
大原
實相院
木野
岩倉
八幡前
延曆寺
鐵車
比叡站
輕軌
八瀬站
八瀬
比叡山口
輕軌
比叡站
比叡
山頂站
比叡山
國際會館
三宅八幡宮
賀茂神社
寶池
寶池
賀茂橋
妙圓寺
修學院離宮
北山
松崎
新宮神社
鷺森神社
半木神社
高野川
叡山本線
修學院
曼殊院
左京區
北大路
一乘寺
一乘寺下松
詩仙堂
八大神社
下鴨神社
天寧寺
鞍馬口
茶山
上御靈神社
烏丸通
相國寺
元田中
出町柳
今出川
八神社
梨木神社
鴨川
京阪鴨東線
銀閣寺（慈照寺）
地下鐵烏丸線
京都御所
下御靈神社
哲學之道
東山區
大文字山
如意岳
丸太町
神宮丸太町
平安神宮
京都市役所
永觀堂（禪林寺）
南禪寺
丸御池
京都市役所前
東山
蹴上
金地院
三条
三条京阪
辰己稻荷
日向大神宮
湖西線
錦天滿宮
烏丸
河原町
知恩院
安養寺
山科區
四条
祇園四条
八坂神社
長樂寺
毘沙門堂
河原町通
烏丸通
建仁寺
高台寺
八坂塔
御陵
五条
清水五条
安祥院
地主神社
諸羽神社
地下鐵東西線
山科
追分
涉成園
方廣寺
清水寺
京阪山科
山科
四宮
七条
妙法院
三十三間堂
智積院
東海道本線
京都
東福寺
東野
東福寺
萬壽寺
九条
東海道新幹線
東福寺
鳥羽街道
十条
椥辻
伏見稻荷
伏見稻荷
稻荷
伏見區
羽回
深草
名神高速道路
水難橋
奈良線
地下鐵東西線
小野
奈良街道
藤森
竹田
藤森神社
近鐵京都線
京阪本線
醍醐
醍醐寺
外環狀線
JR藤森
石田

京都市內廣域地圖

栂尾
槇尾
高山寺
神護寺
西明寺
高雄
嵐山高雄一般車道
常照寺
源光庵
光悅寺
北區
金閣寺（鹿苑寺）
船岡山
上京區
右京區
龍安寺
等持院
仁和寺
北野天滿宮
大覺寺
宇多野
御室仁和寺
龍安寺
等持院
北野白梅町
鳴瀧
嵐電北野線
妙心寺
妙心寺
嵯峨嵐山
達磨寺（法輪寺）
千本通
常盤
花園
圓町
小火車嵐山站
嵯峨嵐山
太秦
山陰本線
小火車嵯峨站
廣隆寺
天龍寺
嵐山
嵐電嵯峨
鹿王院
車折神社
有栖川
帷子辻
太秦廣隆寺
太秦天神川
西大路御池
二条
嵐山
蠶社
嵐電天神川
山內
西大路三条
嵐山
嵐電嵐山本線
西院
西院
梅宮大社
松尾大社
松尾
丹波口
西大路通
桂川
山陰道
阪急嵐山線
西芳寺（苔寺）
西京極
上桂
天神川
西京區
桂離宮
桂
JR京都線（東海道本線）
西大路
南區
阪急京都本線
桂川
洛西口
桂川
向日市
東日向
向日町
東海道新幹線
N

A
推薦景點
1 三友居
103
北山通
川端通
國際交流會館
京都工藝纖維大學
修學院
警察局
白川通北山
山端
104
消防局
高野
卍 藥師堂
身心障礙者
運動中心
曼殊院道
修學院第二小學
東大路通
一乘寺
詩仙堂
卍
金福寺
卍
修學院中學
一乘寺道
叡山電鐵叡山本線
181
白川通北大路
一乘寺
北大路通
高野
北白川疏水溝
白川通
茶山
京都造形
藝術大學
東鞍馬口通
田中
駒井家住宅
左京區
182
北白川
日本浸禮宗醫院
北白川別當
御蔭通
30
京都大學
北白川小學
白川
農學院
理學院
白川通今出川
1 三友居
東今出川通
白沙村莊
哲學之道
銀閣寺
卍
吉田山公園
白川通
至
地圖
E

B
推薦景點
2 Cafeteria ORTUS
3 食堂ARUSU
4 蕪庵
警察局
松崎
北山通
京都聖母院女子大學
美術工藝資料館
2 Cafeteria ORTUS
京都工藝纖維大學
3 食堂ARUSU
北泉通
40
下鴨
京都府立大學
洛北高中·國中
疏水分流
松崎通
下鴨本通北大路
367
北大路通
寶泉堂
蕪庵 4
警察局
高野橋
警察局
高野
下鴨本通
至地圖C
181
下鴨神社
下鴨東通
東大路通
高野川
下鴨小學
糺之森
東大路通鞍馬口
賀茂川
河合神社
御蔭橋
元田中
叡山電鐵叡山本線
御蔭通
葵橋東詰
養正小學
葵橋
葵公園
葵橋西詰
出町柳
河合橋
寺町通
出町橋
出町柳
知恩寺(百萬遍)
百萬遍
理學院
賀茂大橋
今出川通
河原町今出川
河原町通
鴨川公園
工學院
京都大學綜合博物館
石藥師御門
京都大學
32
體育學院
教育學院
至地圖F

C
推薦景點
5 泡沫
6 紫野源水
加茂川中學
紫竹小學
38
紫竹
上賀茂大橋
植物園北遺蹟石碑
40
北山
北山大橋西詰
北山大橋
元町小學
北山通
北消防署
堀川北山
半木神社
賀茂
府立植物園
北警察署
小山
泡沫 5
新町通
衣棚通
室町通
賀茂川
京都府立大學
日本福音路德賀茂川教會
今宮通
鳳德小學
北大路
大宮通
小柳南通
北大路橋
367
紫野通
烏丸北大路
紫野南通
北大路通
紫明小學
至地圖B
堀川通
大谷大·短大
6 紫野源水
地下鐵烏丸線
加茂街道
烏丸紫明
堀川北大路
京都教育大學
京都中·小學
紫明通
堀川紫明
鞍馬口通
天寧寺
鞍馬口町
鞍馬口
妙覺寺
大泉寺
上御靈神社
水火天滿宮
上御靈前通
上御靈前通
本法寺
出雲路
京都產業大附屬高·中
寺之內通
烏丸中
光明寺
寶鏡寺(人形寺)
阿彌陀寺
堀川寺之內
室町小學
相國寺
Kyoto City Hotel
H
同志社大學
安默斯特館
今出川
今出川通
上京區役所
同志社女子大學
中筋通
西陣織會館
堀川今出川
今出川御門
烏丸今出川
晴明神社
石藥師御門
橫神明通
武者小路通
38
至地圖G

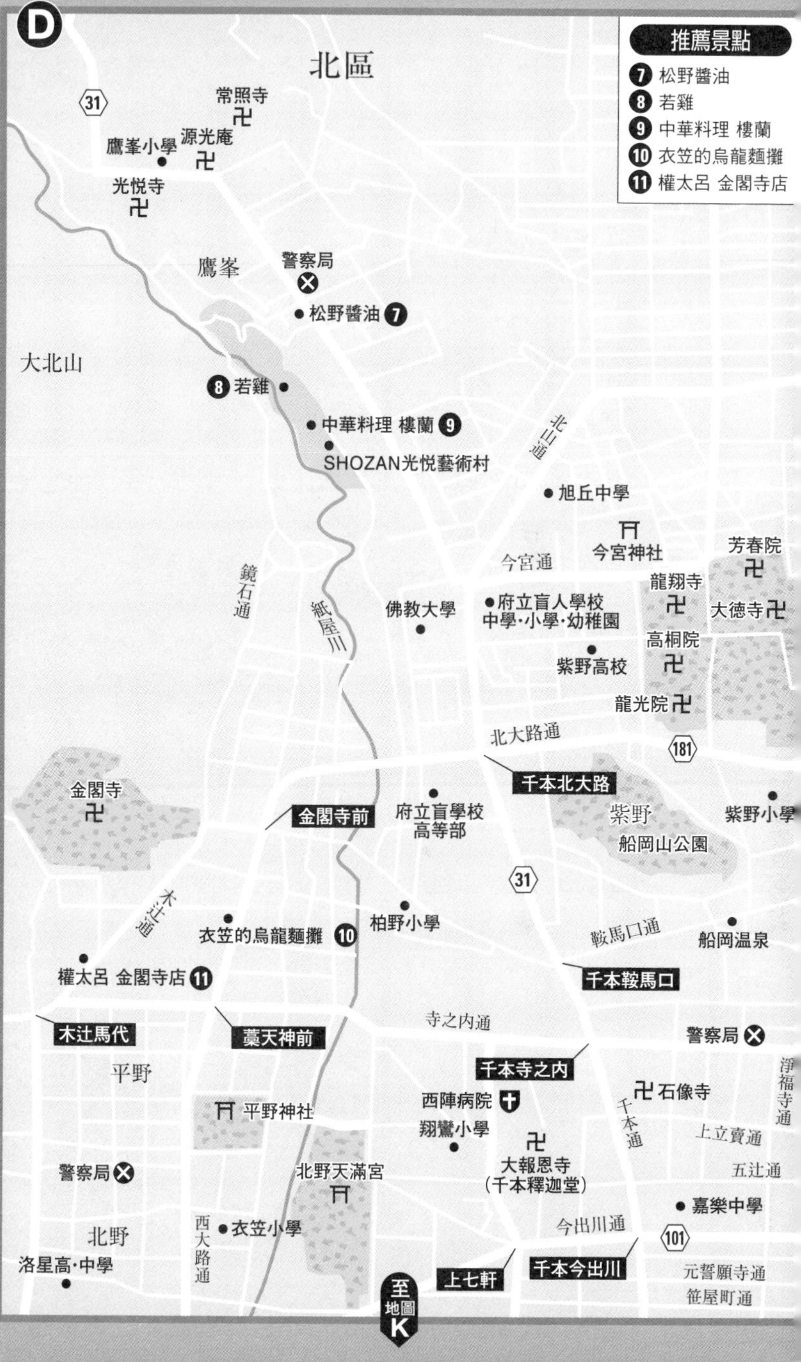
D
北區
推薦景點
7 松野醬油
8 若雞
9 中華料理 樓蘭
10 衣笠的烏龍麵攤
11 權太呂 金閣寺店
31
常照寺
源光庵
鷹峯小學
光悦寺
鷹峯
警察局
松野醬油 7
大北山
8 若雞
中華料理 樓蘭 9
SHOZAN光悦藝術村
北山通
旭丘中學
今宮神社
今宮通
芳春院
龍翔寺
大德寺
鏡石通
紙屋川
佛教大學
府立盲人學校
中學·小學·幼稚園
高桐院
紫野高校
龍光院
北大路通
181
千本北大路
金閣寺
金閣寺前
府立盲學校
高等部
紫野
紫野小學
船岡山公園
31
木辻通
柏野小學
衣笠的烏龍麵攤 10
鞍馬口通
船岡温泉
權太呂 金閣寺店 11
千本鞍馬口
寺之內通
木辻馬代
藁天神前
警察局
千本寺之內
淨福寺通
平野
石像寺
西陣病院
千本通
平野神社
翔鸞小學
上立賣通
大報恩寺
(千本釋迦堂)
五辻通
警察局
北野天滿宮
嘉樂中學
西大路通
衣笠小學
今出川通
101
北野
洛星高·中學
上七軒
千本今出川
元誓願寺通
笹屋町通
至地圖K

E
至地圖A
吉田山公園
銀閣寺
白川通
哲學之道
吉田神社
浄土寺
法然院
吉田
真正極樂寺(真如堂)
鹿谷
金戒光明寺
鹿谷通
大豐神社
平安之森飯店
187
丸太町通
天王町
平安神宮
岡崎
白川通
永觀堂
岡崎公園
二条通
京都市動物園
京都市美術館
南禪寺
南禪寺
洛翠庭園
仁王門通
岡崎通
南禪寺前
金地院
三条通
威斯汀都酒店
粟田口
蹴上淨水廠
蹴上
坡道鐵路
安養寺
日向大神宮
知恩院
地下鐵東西線
圓山公園
日岡
143

推薦景點
12 中央食堂
13 法國餐廳La Tour
14 咖啡餐廳Camphora
15 芝蘭餐廳
16 BIYANTO
17 辻留
18 菱岩
19 時雨茶屋侘屋(祇園店)
20 平野家本家
21 長樂館咖啡
22 祇園喜鳥
23 京極KANEYO
24 NOEN
25 喜幸
F
至地圖B
至地圖G
至地圖J
京都大學綜合博物館
京都大學
體育館
教育學院
醫學院
吉田
東一条通
東大路通
精華女子高·中學
京大會館
東山東一条
東山近衛
181
藥學院
京大病院
聖護院御殿荘
聖護院
丸太町通
東山丸太町
32
寺町通
河原町丸太町
神宮丸太町
下御靈神社
革堂(行願寺)
平安神宮
河原町通
新烏丸通
新椹木町通
The Ritz-Carlton, Kyoto
鴨川
京阪鴨東線
二条通
東山二条
細見美術館
岡崎公園
日本銀行
京都國立近代美術館
京都市役所
京都大倉飯店
京都市役所前
京都文教高·中學
河原町御池
MASUYA
本能寺
京都皇家SPA飯店
東山三条
天性寺
矢田寺
三条京阪
東山
三条通
三条大橋
三条
河原町三条
京劇會館
花見小路通
東大路通
新京極通
裏寺町通
高瀨川
河原町通
木屋町通
先斗町通
縄手通
辰巳大明神
巽橋
知恩院
永福寺(蛸藥師堂)
圓山公園
八坂神社
阪急京都線
四条河原町
四条大橋
祇園
河原町
東華菜館(本店)
南座
圓山公園垂枝櫻花
祇園四条
祇園

G
推薦景點
花桃(花もも)
松屋常盤
肉類料理專門店HAFUU
Gallery遊形
紙司柿本
晦庵河道屋
四富會館
洋彩WARAKU
四条柳馬場店
Ristorante-orto
瓢亭MARU
至地圖C
石藥師御門
寺町通
上京中學
警察局
京都御所
梨木神社
Brighton Kyoto Hotel
烏丸通
上長者町通
Garden Palace Hotel
中立賣警察署
京都御苑
大宮御所
地下鐵烏丸線
京都府廳
府警本部
堀川下立賣通
38
椹木町通
第二赤十字病院
大丸Villa
烏丸丸太町
丸太町通
下御靈神社
丸太町
松屋常盤 27
花桃(花もも) 26
竹屋町通
革堂(行願寺)
28 肉類料理專門店HAFUU
至地圖F
夷川通
堀川通
東堀川通
油小路通
小川通
西洞院通
釜座通
新町通
衣棚通
室町通
兩替町通
烏丸通
車屋町通
東洞院通
間之町通
高倉通
堺町通
柳馬場通
富小路通
30 紙司柿本
京都國際飯店
二条通
367
麩屋町通
御幸町通
寺町通
全日空王冠廣場飯店
押小路通
御池中學
烏丸御池
京都市役所前
地下鐵東西線
御池通
堀川御池
京都花園飯店
俵屋
烏丸御池
Hotel Gimmond Kyoto
29 Gallery遊形
姉小路通
西洞院通
京都文化博物館
晦庵河道屋 31
三井花園飯店
池坊會館
三条通
富小路通
麩屋町通
寺町通
新京極通
六角堂(頂法寺)
34 Ristorante-orto
京都蒙特利酒店
六角通
38
京都遞信醫院
蛸藥師通
高倉通
永福寺
(蛸藥師堂)
錦市場
堀川高校
Hotel Via Inn京都四条室町
京都藝術中心
錦小路通
錦天滿宮
Mystays Hotel
京都四条
35 瓢亭MARU
33 洋彩WARAKU
四条柳馬場店
四富會館 32
四条通
烏丸
阪急京都線
河原町
四条堀川
Court Hotels
四条烏丸
四条
神明神社
綾小路通
至地圖L

H
平岡八幡宮
梅畑
162
136
三寶寺
周山街道
法蔵禪寺
右京區

I
原谷
推薦景點
36 佐近
原谷苑
立命館
大學操場
衣笠
龍安寺
御室
絹掛路
29
立命館大學
衣笠校區
龍安寺前
等持院
仁和寺
等持院
周山街道
福王子
御室會館
絹掛路
佐近 36
宇多野
龍安寺
等持院
嵐電北野線
宇多野
御室仁和寺
妙心寺
101
谷口
一条通
嵐電北野線

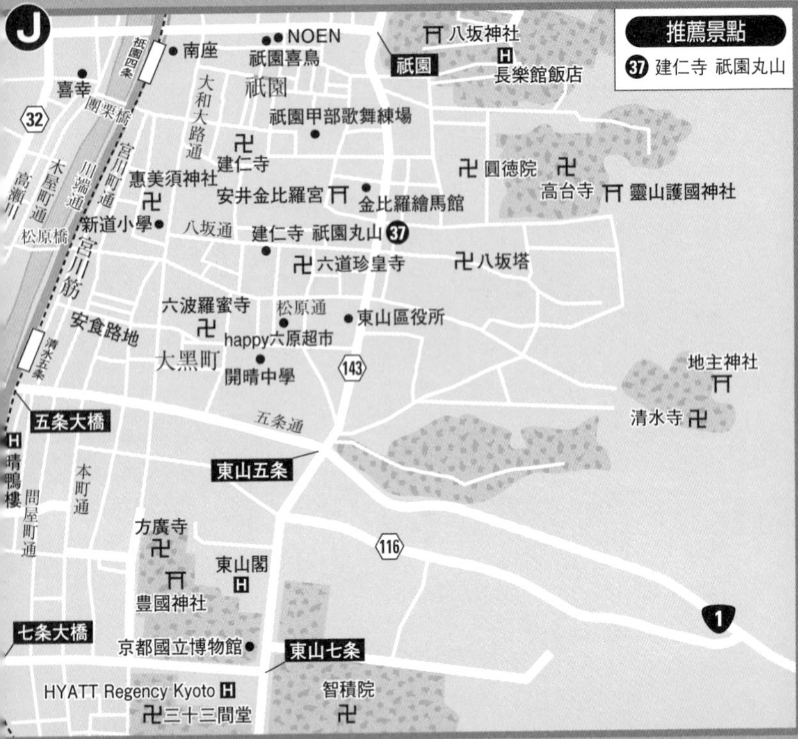
J
推薦景點
37 建仁寺 祇園丸山
八坂神社
長樂館飯店
祇園
NOEN
祇園喜鳥
南座
祇園四条
喜幸
32
團栗橋
大和大路通
祇園甲部歌舞練場
建仁寺
宮川町通
川端通
木屋町通
高瀬川
惠美須神社
安井金比羅宮
金比羅繪馬館
圓徳院
高台寺
靈山護國神社
新道小學
八坂通
松原橋
宮川筋
建仁寺 祇園丸山 37
六道珍皇寺
八坂塔
六波羅蜜寺
松原通
東山區役所
安食路地
happy六原超市
清水五条
大黑町
開晴中學
143
地主神社
清水寺
五条通
五条大橋
東山五条
晴鴨樓
本町通
問屋町通
方廣寺
116
東山閣
豐國神社
1
七条大橋
京都國立博物館
東山七条
HYATT Regency Kyoto
智積院
三十三間堂

K
推薦景點
38 大市
嵐電北野線
今小路通
上京署
101
今出川通
北野白梅町
一条通
地藏院（椿寺）
西大路一条
仁和小學
中立賣通
大將軍
六軒町通
千本通
正親小學
仁和寺街道
上長者町通
西大路通
天神通
御前通
下森通
七本松通
大市 38
下長者町通
129
妙心寺道
下立賣通
二条城北小學
円町
丸太町通
嵯峨野線（山陰本線）
圓町
朱雀二小學
千本丸太町
聚樂廻
民醫連中央醫院
朱雀六小學

推薦景點
39 志津屋 京都駅店
40 RIDO美食街
41 京懐石 美濃吉 京都新阪急飯店分店
至地圖G
L
京都藝術中心
錦小路通
錦市場
洋彩WARAKU
柳馬場店
四富會館
瓢亭MARU
四条通
阪急京都線
四条烏丸
烏丸
四条
Court Hotels
神明神社
綾小路通
足袋屋町
醒井通
油小路通
烏丸飯店
菅大臣神社
佛光寺通
佛光寺
塗師屋町
大宮通
黒門通
猪熊通
岩上通
東中筋通
下京署
烏丸通
高辻通
烏丸高辻
平等寺(因幡藥師)
夕顔石碑
松原通
新玉津嶋神社
五条天神宮
西洞院通
若宮通
新町通
小田原町通
室町通
地下鐵烏丸線
不明門通
東洞院通
高倉通
鐵輪之井
萬壽寺通
RICH HOTEL
瑞雲院
堀川五条
烏丸五条
河原町五条
五条通
五条大宮
櫛笥通
下松屋通
東急
楊梅通
諏訪町通
五条
富小路通
緑風荘
六条通
市比賣神社
舊花屋町通
西本願寺
洛兆
東本願寺
龍谷博物館
涉成園
龍谷大學大宮校區
興正寺
七条堀川
40 RIDO美食街
七条通
41 京懐石 美濃吉 京都新阪急飯店分店
大宮七条
河原町七条
京都新阪急飯店
銀閣
下京區役所
京都鐵塔
京都
梅小路公園
RIHGA Royal Hotel Kyoto
京湯元 鳩屋瑞鳳閣
伊勢丹
京都中央飯店
京都
京都格蘭比亞大酒店
新·京都飯店
志津屋 京都駅店 39
洛南會館
油小路通
東九条
京阪飯店
高瀬川
東寺
大宮通
Daiwa Roynett Hotel 京都八条口店
九条大宮
東寺
第一
九条河原町
九条油小路
九条
近鐵京都線
河原町通
1
24
38
367
143
115

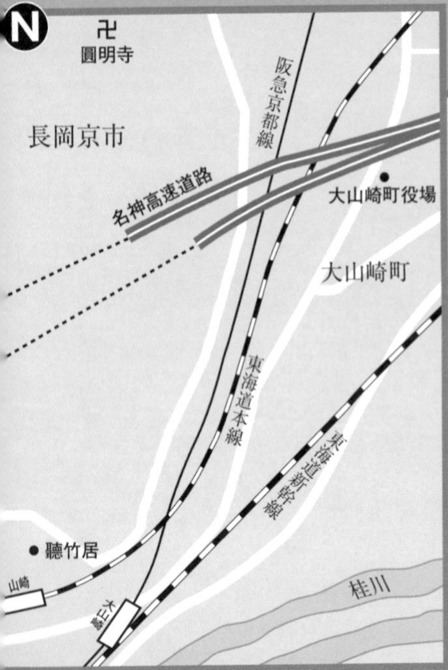
N
圓明寺
長岡京市
阪急京都線
名神高速道路
大山崎町役場
大山崎町
東海道本線
東海道新幹線
聽竹居
山崎
大山崎
桂川

M
實相院
淨念寺
105
岩倉
106
叡山電鐵鞍馬線
岩倉

O
後山階陵
安朱毘沙門堂町
京都府
毘沙門堂
大本山本圀寺
瑞光院
御廟野古墳（天智天皇陵）
安朱川向町
御陵牛尾町
安祥寺
諸羽神社
山科
山科
往大津
東海道本線
京阪電鐵京津線
京阪山科
四宮
地下鐵東西線
京都藥科大學
143

Q-a
日本海
Honda Cars
間人小學
間人港
丹後局
JA
間人公園墓地
昭戀館YOSHINOYA
GS
溫泉旅館
178
672
HEART-HALL 殯儀館

Q-b
178
天橋立
北部醫療中心
與謝之海
宮津灣
2
對橋樓
北近鐵丹後宮津線
天橋立
天橋立景觀區
岩瀧口
178
紅酒之宿 千歲旅館

P
推薦景點
42 米滿軒
大覺寺
廣澤池
嵯峨廣澤
米滿軒 42
嵯峨嵐山
嵯峨野線(山陰本線
小火車嵯峨站
天龍寺
嵐電嵐山線
嵐山
嵐電嵯峨
鹿王院
車折神社
有栖川
嵐山
29
133
桂川
嵐山
29
阪急嵐山線
梅宮大社
松尾

Q
經岬
犬岬
竹野
間人
a
178
丹後琴引溫泉
若狹灣
丹後半島
網野
482
峰山
北近鐵丹後鐵路
丹後大宮
天橋立
成生岬
高濱核電廠
岩滝
天橋立
野田川
b
宮津
178
由良川
五色山公園
宮津市
丹後由良
舞鶴港
松尾寺
宮津天橋立IC
北近畿丹後鐵路
京都縱貫自動車道
27
東舞鶴
若狹高濱
小濱線
西舞鶴
舞鶴東IC
舞鶴若狹自動車道
舞鶴線
舞鶴西IC
舞鶴市

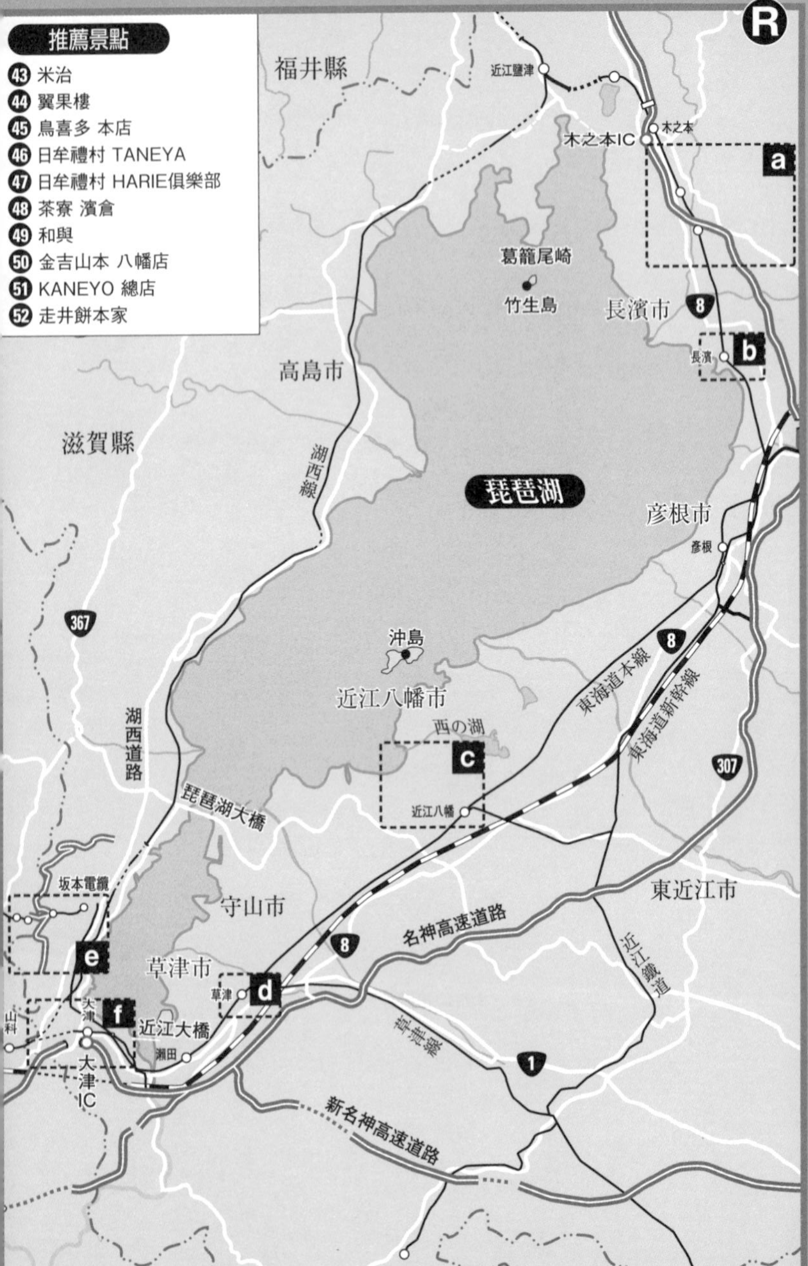
R
推薦景點
43 米治
44 翼果樓
45 鳥喜多 本店
46 日牟禮村 TANEYA
47 日牟禮村 HARIE俱樂部
48 茶寮 濱倉
49 和與
50 金吉山本 八幡店
51 KANEYO 總店
52 走井餅本家
福井縣
近江鹽津
木之本
木之本IC
a
葛籠尾崎
竹生島
長濱市
8
長濱
b
高島市
滋賀縣
湖西線
琵琶湖
彥根市
彥根
367
沖島
8
近江八幡市
東海道本線
東海道新幹線
西の湖
c
湖西道路
307
琵琶湖大橋
近江八幡
坂本電纜
守山市
東近江市
名神高速道路
e
8
近江鐵道
草津市
草津
d
山科
大津
f
近江大橋
草津線
瀬田
1
大津IC
新名神高速道路

R-a
長濱市
木之本IC
高野神社
山田山
332
北陸高速公路
向源寺(十一面観音)
三輪神社
546
高月
278
小谷山
277
252
小谷城跡
365
265
近江孤篷庵
長濱市保健中心
分室
北陸本線
276
545
8
稱名寺
淺井球場

R-b
大通寺
長濱八幡宮
長濱大宮局
43 米治
長濱市役所
大津地方裁判所
509
大宮町
44 翼果樓
45
2
鳥喜多 本店
長濱塔
舊開智學校
長濱小學
長濱
宗圓寺
長濱城歴史博物館
市立長濱圖書館
豐公園
北陸本線
556
長濱朝日郵局
YANMAR通用引擎事業
本部長濱工廠
大島町
長濱文化藝術會館
成田美術館
H
長濱皇家飯店
琵琶湖汽船
觀光船乘船處
琵琶湖

R-c
藥師町
日牟禮八幡宮
屋瓦博物館
近江兄弟社學園高中
47 日牟禮村
HARIE俱樂部
日牟禮村 TANEYA 46
茶寮 濱倉 48
49 和與
正福寺
新町
八幡町
50 金吉山本 八幡店
八幡商業高校
出町
中村町
駅前大通
近江八幡警察署
近江八幡市役所
502
櫻宮町
東海道本線
私立綜合醫療中心
近江八幡
近江鐵道八日市線

R-d
草津線
草津都市葬儀會館
草津波士頓廣場酒店
草津
近鐵百貨店草津店
滋味康月
142
伽羅房屋
草津一號館
草津警察署
1
東海道本線
坐空
143
草津稅務署

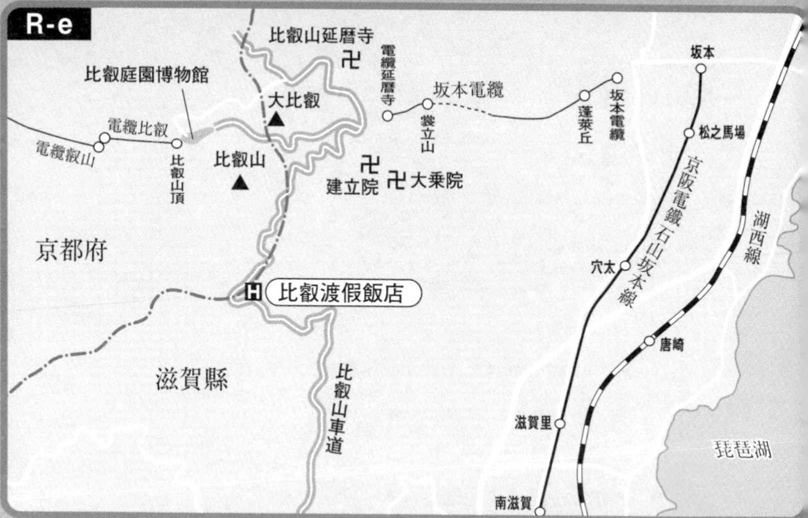
R-e
比叡山延曆寺
比叡庭園博物館
電纜延曆寺
坂本電纜
坂本
大比叡
電纜比叡
電纜叡山
比叡山頂
比叡山
裳立山
蓬萊丘
坂本電纜
松之馬場
建立院
大乘院
京阪電鐵石山坂本線
湖西線
京都府
穴太
比叡渡假飯店
唐崎
滋賀縣
比叡山車道
滋賀里
琵琶湖
南滋賀

R-f
滋賀縣
京阪電鐵石山坂本線
琵琶湖
西大津分流道
琵琶湖競艇場
三井寺
三井寺
湖西線
濱大津
大津湖岸渚公園
大津紅十字醫院
島關
大津王子飯店
喜一堂
上榮町
大津宿本陣跡
滋賀縣廳
石場
關蟬丸神社下社
大津
安養寺
京阪膳所
關蟬丸神社上社
錦
膳所
膳所本町
蟬丸神社
弘法大師堂
往山科
KANEYO 總店 51
走井餅本家 52
大谷
143
追分
月心寺
中庄
東海道本線
瓦濱
名神高速道路
1
栗津
東海道新幹線

【地圖 I】 **御室會館（仁和寺宿坊）【御室会館（仁和寺宿坊）】**

〒 616-8092 京都府京都市右京区御室大内 33
TEL ／ 075-464-3664　FAX ／ 075-464-3665
餐廳「梵」營業時間／餐點 11：00 ～ 14：00、午茶 10：30 ～ 16：00（新年假期休業）
交通方式／從京福北野線「御室仁和寺」車站步行 2 分鐘即可抵達
http://www.ninnaji.or.jp/syukubou/　【p.111】

【地圖 L】 **京都 新阪急飯店【京都 新阪急ホテル】**

〒 600-8216 京都府京都市下京区 JR 京都車站烏丸中央口正面
TEL ／ 075-343-5300　FAX ／ 075-343-5324
交通方式／從 JR「京都」車站步行 3 分鐘即可抵達
http://www.hankyu-hotel.com/hotel/kyotoshh/　【p.264】

HOTEL GRANVIA KYOTO【ホテルグランヴィア京都】

〒 600-8216　京都府京都市下京区烏丸通塩小路下ル　JR 京都車站中央口
TEL ／ 075-344-8888　FAX ／ 075-344-4400
交通方式／從 JR「京都」車站可直接抵達
http://www.granvia-kyoto.co.jp/　【p.270】

【地圖 Q-b】 **紅酒旅館千歳【ワインとお宿千歳】**

〒 626-0001　京都府宮津市文珠 472
TEL ／ 0772-22-3268　FAX ／ 0772-22-3389
交通方式／從北近畿タンゴ鉄道宮津線「天橋立」車站步行 3 分鐘即可抵達
http://www.amanohashidate.org/chitose/　【p.285】

對橋樓【対橋楼】

〒 626-0001 京都府宮津市文珠 471（位於天橋立的迴旋橋畔）
TEL ／ 0772-22-2101　FAX ／ 0772-22-2104
交通方式／從北近畿タンゴ鉄道宮津線「天橋立」車站步行 3 分鐘即可抵達
http://www.taikyourou.com/　【p.285】

【地圖 R-d】 **HOTEL BOSTON PLAZA 草津【ホテルボストンプラザ草津】**

〒 525-0037 滋賀県草津市西大路町 1-27 草津車站西口 BOSTON 區内
TEL ／ 077-561-3311　FAX ／ 077-561-3322
交通方式／ JR「草津」車站旁
http://www.hotel-bp.co.jp/　【p.265】

【地圖 R-e】 **比叡渡假飯店【ロテル．ド．比叡】**

〒 606-0000 京都府京都市左京区比叡山一本杉
TEL ／ 075-701-0201　FAX ／ 075-701-0207
交通方式／從 JR「京都」車站或京阪鴨東線「三条」車站有免費接送巴士（採預約制），亦可搭京阪巴士・京都巴士「ロテル・ド・比叡」站下車即可抵達
http://www.hotel-hiei.jp/　【p.282】

【地圖 R-f】 **大津王子飯店【大津プリンスホテル】**

〒 520-8520 滋賀県大津市におの浜 4-7-7
TEL ／ 077-521-1111　FAX ／ 077-521-1110
交通方式／從 JR「大津」車站有免費接駁巴士，車程約 10 分鐘
http://www.princehotels.co.jp/otsu/　【p.279】

㊼近江八幡日牟禮村 HARIE俱樂部【近江八幡日牟禮ヴィレッジ クラブハリエ】

〒 523-8558 滋賀県近江八幡市宮内町 246　TEL ／ 0748-33-3333
日牟禮咖啡屋營業時間／ 9：00 ～ 18：00（最後點餐 17：00），年終無休
交通方式／從 JR「近江八幡」車站轉至近江巴士「大杉町」即可抵達
http://taneya.jp/himure/index.html　【p.198】

㊽茶寮 濱倉【茶寮 浜ぐら】

〒 523-0837 滋賀県近江八幡市大杉町 24　TEL ／ 0748-32-5533
營業時間／ 11：00 ～ 17：00（最後點餐）　定休日／週三
交通方式／從近江鉄道巴士「新町」或「大杉町」站步行 3 分鐘即可抵達
http://www.hamagura.jp/　【p.199】

㊾和與【和た与】

〒 523-0872 滋賀県近江八幡市玉木町 2-3
TEL ／ 0748-32-2610　FAX ／ 0748-32-2619
營業時間／ 8：30 ～ 18：30　定休日／週二
交通方式／從 JR「近江八幡」車站轉巴士至「大杉町」站步行即可抵達
http://www.watayo.com/　【p.200】

㊿金吉山本 八幡店【カネ吉山本 八幡店】

〒 523-0866 滋賀県近江八幡市為心町上 30　TEL ／ 0748-32-3216
營業時間／ 9：00 ～ 19：00　定休日／週三
交通方式／從 JR「近江八幡」車站轉巴士至「大杉町」站步行 3 分鐘即可抵達
http://www.oumigyuu.co.jp/　【p.199】

【地圖R-f】 ㉛KANEYO 總店【かねよ 本店】

〒 520-0062 滋賀県大津市大谷町 23-15　TEL ／ 077-524-2222
營業時間／ 11：00 ～ 20：00　定休日／週四（有不定期休假）
交通方式／位於京阪京津線「大谷」車站旁
http://www.kaneyo.in/　【p.215】

㉜走井餅本家【走り井餅本家】

〒 520-0063 滋賀県大津市横木 1-3-3　TEL ／ 077-528-2121
營業時間／ 9：00 ～ 18：00，年終無休
交通方式／從京阪京津線「追分」車站步行 5 分鐘即可抵達
http://www.hashiriimochi.co.jp/　【p.220】

■飯店・旅館

【地圖F】 京都大倉飯店【京都ホテルオークラ】

〒 604-8558 京都府京都市中京区河原町御池
TEL ／ 075-211-5111　FAX ／ 075-254-2529
交通方式／從地下鐵東西線「京都市役所前」車站可直接抵達
http://okura.kyotohotel.co.jp/　【p.275】

【地圖G】 ANA CROWNE PLAZA 京都【ANAクラウンプラザホテル京都】

〒 604-0055 京都府京都市中京区堀川通二条城前
TEL ／ 075-231-1155　FAX ／ 075-231-5333
交通方式／從地下鐵東西線「二条城前」車站步行 1 分鐘即可抵達
http://www.anacpkyoto.com/access/　【p.264】

交通方式／從市內巴士「千本出水」站牌步行 3 分鐘即可抵達
http://www.suppon-daiichi.com/ 【p.147】

【地圖L】 **㊴志津屋 京都車站店**

〒 600-8214 京都府京都市下京区東塩小路町 8-3 JR 京都車站八条口 Asty 大道內
TEL ／ 075-692-2452
營業時間／ 7：00 ～ 22：00（週五．週六．週日．國定假日營業至 23：00）
※ 京都市內另有其他分店
http://www.sizuya.co.jp/ 【p.157】

㊵RIDO 美食街【リド飲食街】

〒 600-8217 京都府京都市下京区七条通烏丸西入ル東境町 180
交通方式／從 JR「京都」車站步行 10 分鐘即可抵達 【p.153】

㊶京懷石 美濃吉 京都新阪急飯店【京懐石 美濃吉 京都新阪急ホテル店】

〒 600-8216 京都府京都市下京区塩小路新町東入ル 京都新阪急ホテル B1
TEL ／ 075-343-5327 FAX ／ 075-371-4767
營業時間／ 7：00 ～ 10：00、11：30 ～ 21：30（最後點餐 21：00），年終無休
交通方式／從 JR「京都」車站步行 3 分鐘即可抵達
http://www.minokichi.co.jp/profile/shop13/ 【p.268】

【地圖P】 **㊷米滿軒【米満軒】**

〒 616-8422 京都府京都市右京区嵯峨釈迦堂大門町 28
TEL ／ 075-861-0803 營業時間／ 9：00 ～ 18：00 定休日／週四
交通方式／從市內巴士「嵯峨釈迦堂前」步行 3 分鐘、或者從嵯峨野觀光鐵道「トロッコ嵯峨」車站步行 7 分鐘即可抵達 【p.255】

【地圖R-b】 **㊸米治【こめ治】**

〒 526-0054 滋賀県長浜市大宮町 9-5 TEL ／ 0749-62-0463
營業時間／ 10：00 ～ 18：00 定休日／週一（若遇國定假日營業，隔週週二店休）
交通方式／ JR「長濱」車站步行 10 分鐘即可抵達 【p.191】

㊹翼果樓【翼果楼】

〒 526-0059 滋賀県長浜市元浜町 7-8
TEL ／ 0749-63-3663 FAX ／ 0749-63-4020
營業時間／ 11：00 ～賣完為止 定休日／週一
交通方式／從 JR「長濱」車站步行 3 分鐘即可抵達
http://yokarou.com/ 【p.188】

㊺鳥喜多 本店

〒 526-0059 滋賀県長浜市元浜町 8-26 TEL & FAX ／ 0749-62-1964
營業時間／ 11：30 ～ 14：00、16：30 ～ 19：00 定休日／週二
交通方式／從 JR「長濱」車站步行 3 分鐘即可抵達 【p.188】

【地圖R-c】 **㊻近江八幡日牟禮村 TANEYA【近江八幡日牟禮ヴィレッジ たねや】**

〒 523-8558 滋賀県近江八幡市宮内町 3 TEL ／ 0748-33-4444
日牟禮茶屋營業時間／ 9：00 ～ 18：00（最後點餐 17：00），年終無休
交通方式／從 JR「近江八幡」車站轉至近江巴士「大杉町」即可抵達
http://taneya.jp/shop/shiga_himure.html 【p.198】

TEL ／ 075-221-2525　FAX ／ 075-231-8507
營業時間／ 11：00 ～ 20：00　定休日／週四（若為國假日則會補休）
交通方式／從地下鐵東西線「京都市役所前」車站步行 4 分鐘即可抵達
http://www.kawamichiya.co.jp/soba/　【p.130】

㉜四富會館【四富会館】

〒 604-8054 京都府京都市中京区富小路通四条上ル西大文字町 615　TEL ／ 075-211-8533
交通方式／從阪急京都線「河原町」車站步行 4 分鐘即可抵達　【p.153】

㉝洋彩 WARAKU 四条柳馬場店【ガブ飲みワイン 洋彩 WARAKU 四条柳馬場店】

〒 604-8122 京都府京都市中京区柳馬場四条上ル瀬戸屋町 470-2　TEL ／ 075-212-9896
營業時間／平日 17：00 ～翌日 3：00（最後點餐 2：30）、週六 15：00 ～翌日 3：00（最後點餐 2：30）、週日．國定假日 15：00 ～ 24：00（最後點餐 23：30），年終無休
交通方式／從阪急京都線「烏丸」車站或地下鐵烏丸線「四条」車站步行 5 分鐘即可抵達 【p.131】

㉞Ristorante-orto【リストランテ.オルト】

〒 604-8205 京都府京都市中京区衣棚通三条下ル三条町 337-2　TEL & FAX ／ 075-212-1166
營業時間／ 12：00 ～ 14：00（最後點餐）、18：00 ～ 21：00（最後點餐）
定休日／週二（若為國假日則會補休）、有暑假與寒假
交通方式／從地下鐵烏丸線．東西線「烏丸御池」車站步行 8 分鐘即可抵達
http://www.ristorante-orto.jp/　【p.145】

㉟瓢亭 MARU

〒 604-8222 京都府京都市中京区室町通新町の間四条上ル 四条烏丸ビル 1F
TEL ／ 075-241-0345
營業時間／ 18：00 ～ 24：00（最後點餐 23：00）　定休日／週一（若為國假日則會補休）
交通方式／從地下鐵烏丸線「四条」車站步行 2 分鐘、或者從阪急京都線「烏丸」車站步行 2 分鐘即可抵達　【p.165】

【地圖 I】　㊱佐近

〒 616-8094 京都府京都市右京区御室小松野町 25-37　TEL ／ 075-463-5582
營業時間／ 11：30 ～ 14：30（最後點餐）、17：00 ～ 20：30（最後點餐）
定休日／週三（若為國定假日則會營業）
交通方式／從京福北野線「御室仁和寺」車站步行 2 分鐘、或者從市內巴士「御室仁和寺前」站步行 1 分鐘即可抵達
http://www.sakon-kyoto.com/　【p.112】

【地圖 J】　㊲建仁寺 祇園丸山

〒 605-0811 京都府京都市東山区小松町 566-15
TEL ／ 075-561-9990　FAX ／ 075-561-9991 ※ 需預約
營業時間／ 11：00 ～最後點餐 13：30、17：00 ～最後點餐 19：30
定休日／不定休
交通方式／從京阪本線「祇園四条」車站步行 8 分鐘、或者從市內巴士「清水道」站步行 5 分鐘即可抵達
http://gionmaruyama.com/　【p.127】

【地圖 K】　㊳大市【大市】

〒 602-8351 京都府京都市上京区下長者町通千本西入ル六番町 371
TEL ／ 075-461-1775　FAX ／ 075-461-0323　※ 需預約
營業時間／ 12：00 ～最後點餐 13：00、17：00 ～最後點餐 19：30
定休日／週二（可能變更）

TEL／075-221-0669　FAX／075-221-2020
營業時間／11：30～21：00（最後點餐 20：30）※平日午餐時間 11：30～14：00（除週日・國定假日・特定日期之外，年終無休）
交通方式／從地下鐵東西線「京都市役所前」車站步行 5 分鐘、或者市內巴士「河原町三条」站牌步行 2 分鐘即可抵達
http://www.kyogokukaneyo.co.jp/　【p.217】

㉔NOEN（ノウエン）

〒605-0074 京都府京都市東山区祇園町南側 571 四条花見小路西南角
TEL／075-561-3701　營業時間／9：00～21：00（最後點餐 20：00）
定休日／週二（若為國定假日則會補休）
交通方式／從京阪本線「祇園四条」車站步行 5 分鐘即可抵達　【p.229】

㉕喜幸

〒600-8019 京都府京都市下京区西木屋町通四条下ル船頭町 202
TEL／075-351-7856
營業時間／17：00～22：00　定休日／週一・週二
交通方式／從京阪本線「祇園四条」車站步行 3 分鐘即可抵達　【p.161】

【地圖G】

㉖花桃【花もも】

〒604-0986 京都府京都市中京区丸太町麩屋町西入ル昆布屋町 398
TEL&FAX／075-212-7787
營業時間／11：00～18：30（最後入店時間）定休日／週一（若為國定假日則會營業）
交通方式／從地下鐵烏丸線「丸太町」車站步行 10 分鐘、或者搭到市內巴士「裁判所前」站即可抵達
http://www.adc-net.jp/hanamomo/　【p.239】

㉗松屋常盤

〒604-0802　京都府京都市中京区堺町通丸太町下ル橘町 83
TEL & FAX／075-231-2884
營業時間／9：00～17：00　定休日／年始
交通方式／從地下鐵烏丸線「丸太町」車站步行 5 分鐘即可抵達　【p.238】

㉘肉類料理專門店HAFUU 總店【はふう 本店】

〒604-0983 京都府京都市中京区麩屋町通夷川上ル笹屋町 471-1　TEL／075-257-1581
營業時間／11：30～13：30（最後點餐）、17：30～21：30（最後點餐）
定休日／週三
交通方式／從地下鐵東西線「京都市役所前」車站步行 10 分鐘即可抵達
http://www.hafuu.com/　【p.159】

㉙Gallery遊形【ギャラリー遊形】

〒604-8092 京都府京都市中京区姉小路通麩屋町東入ル　TEL／075-257-6880
營業時間／10：00～19：00　定休日／第 1・第 3 個週二
交通方式／從地下鐵東西線「京都市役所前」車站步行 3 分鐘即可抵達　【p.259】

㉚紙司柿本

〒604-0915 京都府京都市中京区寺町二条通上ル常盤木町 54　TEL／075-211-3481
營業時間／9：00～18：00　定休日／不定休（中元節・新年假期休）
交通方式／從地下鐵東西線「京都市役所前」車站步行 3 分鐘即可抵達　【p.260】

㉛晦庵河道屋（總店）

〒604-8085 京都府京都市中京区麩屋町通三条上ル

營業時間／11：30～最後點餐 14：00、17：00～最後點餐 20：30
定休日／週日．國定假日
交通方式／從市內巴士「京大正門前」站牌步行 2 分鐘即可抵達
http://www.brightonhotels.co.jp/kyoto/shiran/ 【p.41】

⑯Biyanto【ビィヤント】

〒 606-8391 京都府京都市左京区東側聖護院西町 12 TEL／075-751-7415
營業時間／11：00～22：30（最後點餐 22：15） 定休日／週五
交通方式／從京阪鴨東線「神宮丸太町」車站步行 8 分鐘、或市內巴士「熊野神社前」站牌步行 2 分鐘即可抵達 【p.166】

⑰辻留

〒 605-0005 京都府京都市東山区三条大橋東 3 丁目 TEL／075-771-1718
受理預約時間／9：00～18：00，年終無休
交通方式／從地下鐵東西線「三条京阪」車站步行 3 分鐘即可抵達 【p.142】

⑱菱岩

〒 605-0088 京都府京都市東山区新門前大和大路東入ル西之町 213
TEL／075-561-0413 營業時間／11：30～20：30 定休日／週日．每月最後一個週一
交通方式／從京阪本線「三条」車站步行 7 分鐘即可抵達 【p.142】

⑲時雨茶屋侘屋（祉園店）【しぐれ茶屋侘助（祇をん店）】

〒 605-0000 京都府京都市東山区祇園白川通縄手東入ル TEL & FAX／075-531-5175
營業時間／11：30～14：00、17：00～23：00，年終無休
交通方式／從京阪本線「祇園四条」車站步行 5 分鐘即可抵達
http://www.yagenbori.co.jp/tenpo/kyo_wabi/index.html 【p.244】

⑳平野家本家

〒 605-0071 京都府京都市東山区祇園円山公園內
TEL／075-525-0026 FAX／075-531-3232
營業時間／11：00～20：30（最後點餐 20：00），年終無休
交通方式／從京阪本線「祇園四条」車站步行 10 分鐘、或者市內巴士「祇園」站牌步行 3 分鐘即可抵達
http://www.imobou.com/ 【p.230】

㉑長樂館咖啡屋【長楽館カフェ】

〒 605-0071 京都府京都市東山区祇園円山公園
TEL／075-561-0001 FAX／075-561-0006
營業時間／10：00～21：00（最後點餐 20：30），年終無休
交通方式／從京阪本線「祇園四条」車站步行 10 分鐘、或者市內巴士「祇園」站牌步行 5 分鐘即可抵達
http://www.chourakukan.co.jp/ 【p.229】

㉒祇園喜鳥

〒 605-0074 京都府京都市東山区祇園町南側 572-9 TEL／075-525-1203
營業時間／11：30～最後點餐 14：00、17：00～最後點餐 21：30
定休日／週二
交通方式／從京阪本線「祇園四条」車站步行 3 分鐘即可抵達
http://gionkocho.okoshi-yasu.com/ 【p.152】

㉓京極KANEYO【京極かねよ】

〒 604-8034 京都府京都市中京区六角通新京極東入ル松ヶ枝町 456

營業時間／9：00～18：00　定休日／12 月 30 日～1 月 5 日
交通方式／在市內巴士「土天井町」站下車即可抵達
http://www.matsunoshouyu.co.jp/ 【p.98】

⑧和食與京都雞肉料理餐廳 若雞（SHOZAN 光悅藝術村京都）【和と鳥旬菜　わかどり(しょうざんリゾート京都)】

〒 603-8451 京都府京都市北区衣笠鏡石町 47　TEL ／ 075-491-5101（代表號）營業時間／11：30～14：30（最後點餐 14：00）17：00～22：00（最後點餐 21：30），年終無休
交通方式／從市內巴士「土天井町」站牌步行 1 分鐘即可抵達
http://www.shozan.co.jp/ 【p.100】

⑨中華料理　樓蘭（SHOZAN RISORT KYOTO）【中国料理　楼蘭（しょうざんリゾート京都）】

〒 603-8451 京都府京都市北区衣笠鏡石町 47　TEL ／ 075-491-5101（代表號）
營業時間／11：30～14：30、17：00～21：00（最後點餐 20：30）、週六．週日．國定假日下午不休息，年終無休
交通方式／市內巴士「土天井町」站牌步行 1 分鐘即可抵達
http://www.shozan.co.jp/ 【p.99】

⑩衣笠的烏龍麵攤【衣笠の屋台うどん】

※ 因為是移動攤車，所以未寫上店面的資訊 【p.136】

⑪權太呂 金閣寺店【権太呂 金閣寺店】

〒 603-8365 京都府京都市北区平野宮敷町 26　TEL ／ 075-463-1039
營業時間／11：00～21：30（最後點餐 21：00）　定休日／週三
交通方式／從市內巴士「金閣寺前」站牌步行 4 分鐘即可抵達
http://gontaro.co.jp/ 【p.103】

【地圖 F】

⑫中央食堂（京都大學吉田校區內）【中央食堂（京都大学吉田キャンパス内）】

〒 606-8501 京都府京都市左京区吉田本町 京都大学工学部 8 号館 B1
TEL ／ 075-752-0832　營業時間／平日 8：00～21：00　定休日／週六．週日．國定假日
交通方式／從市內巴士「京大正門前」站牌步行 5 分鐘即可抵達 【p.39】

⑬法國餐廳La Tour【レストラン ラ. トゥール】

〒 606-8501 京都府京都市左京区吉田本町
TEL ／ 075-753-7623　FAX ／ 075-753-7624
營業時間／11：00～15：00、17：00～22：00，年終無休
交通方式／從市內巴士「京大正門前」站牌步行 3 分鐘即可抵達
http://www.madoi-co.com/food/la-tour/ 【p.40】

⑭咖啡餐廳Camphora【カフェレストラン　カンフォーラ】

〒 606-8501 京都府京都市左京区吉田本町
TEL ／ 075-753-7628　FAX ／ 075-753-7629
營業時間／平日 11：00～21：30（週六．週日．國定假日營業至 15：00）定休假日／新年假期
交通方式／在市內巴士「京大正門前」站下車即可抵達
http://www.kyoto-u.ac.jp/ja/access/coop/camphora.html 【p.39】

⑮芝蘭餐廳【レストランしらん】

〒 606-8302 京都府京都市左京区吉田牛の宮町 11-1 芝蘭會館別館
TEL ／ 075-752-1027

日圓
交通方式／從 JR「大津」車站轉京阪巴士至「三井寺」站即可抵達、或從京阪石山坂本線「三井寺」車站步行 10 分鐘
http://www.shiga-miidera.or.jp/ 【p.212】

月心寺

〒 520-0062 滋賀県大津市大谷町 27-9　TEL ／ 077-524-3421
※ 參拜需要預約（參拜費用每人 500 日圓）；精進料理必須有 10 人以上才能預約
交通方式／從京阪京津線「大谷」車站步行 10 分鐘即可抵達 【p.85、p.218】

■餐飲店・商店

【地圖 A】

①三友居

〒 606-8266 京都府京都市左京区北白川久保田町 22-1　TEL ／ 075-781-8600
受理預約時間／ 9：00 ～ 18：00（需預約）　定休日／週三
交通方式／從叡山電鉄「元田中」車站步行 15 分鐘、或搭至市內巴士「銀閣寺道」站即可抵達 【p.144】

【地圖 B】

② Cafeteria ORTUS【カフェテリア オルタス】

〒 606-8585 京都府京都市左京区松ヶ崎橋上町 京都工藝纖維大學松崎校區西部校舍內 KIT HOUSE 1F　TEL ／ 075-781-5359
營業時間／平日 8：15 ～ 20：30（週六 11：30 ～ 14：00）　定休日／週日・國定假日
交通方式／從地下鐵烏丸線「松ヶ崎」車站步行 8 分鐘即可抵達 【p.48】

③食堂 ARUSU【食堂アルス】

〒 606-8585 京都府京都市左京区松ヶ崎橋上町 京都工藝纖維大學松崎校區西部校舍內 大學會館 1F
TEL ／ 075-781-5359
營業時間／平日 11：00 ～ 15：00 定休日／週六・週日・國定假日
交通方式／從地下鐵烏丸線「松ヶ崎」車站步行 8 分鐘即可抵達 【p.48】

④蕪庵

〒 606-0815 京都府京都市左京区下鴨膳部町 92　TEL ／ 075-781-1016
營業時間／ 12：00 ～ 21：00（最後點餐時間為 20：30，最好在 19：30 前進到店裡）
定休日／週三、新年假期
交通方式／從市內巴士「洛北高校前」站牌步行 5 分鐘即可抵達
http://www.kyoto-r.com/s/buan.html 【p.138】

【地圖 C】

⑤泡沫【うたかた】

〒 603-8208 京都府京都市北区紫竹西桃ノ本町 53　TEL ／ 075-495-3344
營業時間／ 17：30 ～ 23：00，不定休
交通方式／從地下鐵烏丸線「北大路」車站步行 15 分鐘即可抵達 【p.155】

⑥紫野源水

〒 603-8167 京都府京都市北区小山西大野町 78-1　TEL ／ 075-451-8857
營業時間／ 9：30 ～ 18：30　定休日／週日・國定假日
交通方式／從地下鐵烏丸線「北大路」車站步行 8 分鐘即可抵達 【p.257】

【地圖 D】

⑦松野醤油

〒 603-8465 京都府京都市北区鷹峯土天井町 21　TEL ／ 075-492-2984

長濱塔【長浜タワー】

〒 526-0059 滋賀県長浜市元浜町 7-35
交通方式／從 JR「長濱」車站步行 3 分鐘即可抵達　【p.188】

舊開智學校

〒 526-0059　滋賀県長浜市元浜町 2-3
交通方式／從 JR「長濱」車站步行 3 分鐘即可抵達　【p.189】

大通寺

〒 526-0059 滋賀県長浜市元浜町 32-9　TEL ／ 0749-62-0054
参拜時間／ 9：00 ～ 16：30　参拜費用／大人 500 日圓、國中生 100 日圓、小學生以下免費
交通方式／從「長濱」車站步行 10 分鐘即可抵達
http://www.daitsuji.or.jp/　【p.189】

長濱八幡宮【長浜八幡宮】

〒 526-0053　滋賀県長浜市宮前町 13-55
TEL ／ 0749-62-0481　FAX ／ 0749-62-0881
交通方式／從 JR「長濱」車站步行 10 分鐘即可抵達
http://www.biwa.ne.jp/~hatimang/　【p.191】

【地圖 R-c】 日牟禮八幡宮

〒 523-0828　滋賀県近江八幡市宮内町 257
TEL ／ 0748-32-3151　FAX ／ 0748-32-8665
参拜時間／ 9：00 ～ 17：00
交通方式／從 JR「近江八幡」車站轉近江巴士至「大杉町」站步行 5 分鐘即可抵達
http://www5d.biglobe.ne.jp/~him8man/　【p.198】

【地圖 R-f】 大津宿本陣遺蹟【大津宿本陣跡】

滋賀県大津市御幸町
交通方式／從 JR「大津」車站步行 9 分鐘、或搭京阪巴士至「行労働基準局」站即可抵達
【p.205】

關蟬丸神社【関蝉丸神社】

〒 520-0054 滋賀県大津市逢坂 1-20（上社）
〒 520-0054 滋賀県大津市逢坂 1-15-6（下社）
TEL ／ 077-524-2753（滋賀縣神社廳）
交通方式／從 JR「大津」車站步行 10 分鐘即可抵達（下社）
http://semimaru.ehoh.net/　【p.207】

蟬丸神社【蝉丸神社】

〒 520-0062　滋賀県大津市大谷町 23-11
TEL ／ 077-524-2753（滋賀県神社庁）
交通方式／從 JR「大津」車站步行 25 分鐘即可抵達　【p.207】

安養寺

〒 520-0054 滋賀県大津市逢坂 1-8-11　TEL&FAX ／ 077-522-8734
交通方式／從 JR「大津」車站步行 10 分鐘即可抵達　【p.210】

三井寺

〒 520-0036 滋賀県大津市園城寺町 246　TEL ／ 077-522-2238
参拜時間／ 8：00 ～ 17：00　参拜費用／大人 600 日圓、國高中學生 300 日圓、小學生 200

諸羽神社

〒 607-8043 京都府京都市山科区四ノ宮中在寺町 17　TEL ／ 075-581-0269 寺內可自由參觀
交通方式／從 JR · 地下鐵東西線「山科」車站或京阪京津線「京阪山科」 車站步行 8 分鐘即可抵達 【p.214】

天智天皇陵（御廟野古墳）

京都府京都市山科区御陵上御廟野町
交通方式／從地下鐵東西線「御陵」車站步行 8 分鐘即可抵達 【p.221】

後山階陵

京都府京都市山科区御陵沢ノ川町
交通方式／從 JR · 地下鐵東西線「山科」車站或京阪京津線「京阪山科」車站步行 20 分鐘 【p.222】

【地圖 P】 梅宮大社

〒 615-0921 京都府京都市右京区梅津フケノ川町 30
TEL ／ 075-861-2730　FAX ／ 075-861-7593
參拜時間／ 9：00 ～ 17：00　神苑參拜費用／大人 500 日圓、兒童 250 日圓
交通方式／從阪急嵐山線「松尾」車站步行 10 分鐘、或者市內巴士「梅ノ宮神社前」站牌步行 3 分鐘即可抵達
http://www.umenomiya.or.jp/ 【p.250】

【地圖 R】 竹生島【竹生島】

交通方式／搭乘觀光船「WAKAAYU（わかあゆ）」
所需時間／從「彥根港」出發需要 40 分鐘、從「奧琵琶湖マキノグランドパークホテル棧橋」出發需要 25 分鐘、從「海津大崎港」出發也需 25 分鐘
費用（以彥根 · 竹生島往返為例）／大人 3400 日圓、學生 2720 日圓、小學生 1700 日圓
航運期間／各路線皆依季節不同而有變動，請至以下網站確認時間
服務專線 TEL ／ 0749-22-0619（琵琶湖觀光船 OHMI TRAVEL）
http://www.ohmitetudo.co.jp/marine/ 【p.201】

沖島

交通方式／從「堀切港」搭沖島交通船約 10 分鐘即可抵達
單程費用／ 500 日圓 http://www.biwako-okishima.com/（沖島漁業工會）【p.201】

【地圖 R-a】 近江孤篷庵

〒 526-0264 滋賀県長浜市上野町 135　TEL ／ 0749-74-2116
參拜時間／ 9：00 ～ 17：00（11 月～ 3 月開放至 16：00；11 月 17 日為休假日）
參拜費用／ 300 日圓　交通方式／從長濱交流道開車約 15 分鐘 【p.192】

小谷城跡

滋賀県長浜市湖北町伊部
服務電話 TEL ／ 0749-78-8302　FAX ／ 0749-78-1640（湖北支所產業振興課）
交通方式／從 JR「河毛」車站轉搭巴士至「小谷城址口」站即可抵達 【p.192】

【地圖 R-b】 豐公園【豐公園】

滋賀県長浜市公園町　費用／無（長濱城歷史博物館需要付費入館）
TEL ／ 0749-62-4111（長濱市都市計畫課）
交通方式／從 JR「長濱」車站步行 5 分鐘即可抵達 【p.187】

【地圖K】 地藏院（椿寺）【地蔵院（椿寺）】

〒603-8332 京都府京都市北区大将軍川端町2　TEL／075-461-1263　FAX／075-467-3550
參拜時間／9：00～16：00　參拜費用／無
交通方式／從市內巴士「北野白梅町」站牌步行5分鐘即可抵達　【p.121】

【地圖L】 龍谷大學　大宮校區【龍谷大学　大宮キャンパス】

〒600-8268 京都府京都市下京区七条通大宮東入ル大工町125-1
TEL／075-343-3311　FAX／075-343-4302
交通方式／從JR「京都」車站步行10分鐘即可抵達
http://www.ryukoku.ac.jp/　【p.49】

龍谷博物館【龍谷ミュージアム】

〒600-8399 京都府京都市下京区堀川通正面下ル（西本願寺前）
TEL／075-351-2500　FAX／075-351-2577
開館時間／10：00～17：00（16：30後停止入館）
休館日／週一（若為國定假日則順延至週二）、其他博物館排定的休館日
參觀費用（常設展）／一般500日圓、年長者（65歲以上）、大學生400日圓、高中生300日圓、國中生以下免費 ※ 企劃展、特展需要另外收費
交通方式／從地下鐵烏丸線「五条」車站步行10分鐘、或者從市內巴士「西本願寺前」站牌步行2分鐘 即可抵達
http://museum.ryukoku.ac.jp/　【p.49】

市比賣神社

〒600-8119 京都府京都市下京区河原町五条下ル一筋目西入ル
TEL／075-361-2775　FAX／075-361-2776
參拜時間／9：00～16：30（若遇祭典日，會有部分區域暫停開放）
交通方式／從京阪本線「清水五条」車站步行5分鐘、市內巴士「河原町五条正面」站牌步行3分鐘即可抵達
http://ichihime.net/　【p.21】

【地圖M】 實相院【実相院】

〒606-0017 京都府京都市左京区岩倉上蔵町121　TEL／075-781-5464
參拜時間／9：00～17：00　參拜費用／大人（高中生以上）500日圓、國中小學生250日圓
交通方式／從地下鐵烏丸線「国際会館前」車站或叡山鞍馬線「岩倉」車站轉京都巴士在「岩倉実相院」站下車即可抵達
http://www.jissoin.com/　【p.53】

【地圖N】 聽竹居【聴竹居】

〒618-0071 京都府乙訓郡大山崎町大山崎
※ 參觀須預約，預約方式請參照以下聽竹居的官方網站
http://www.chochikukyo.com/　【p.44】

【地圖O】 毘沙門堂

〒607-8003 京都府京都市山科区安朱稲荷山町18　TEL／075-581-0328
參拜時間／8：30～17：00（12月～2月開放至16：30）
參拜費用／大人500日圓、高中生400日圓、國中小學生300日圓
交通方式／從JR．地下鐵東西線「山科」車站或京阪京津線「京阪山科」車站步行20分鐘即可抵達
http://www.bishamon.or.jp/　【p.63、p.220】

【地圖H】 **平岡八幡宮**

〒 616-8271 京都府京都市右京区梅ヶ畑宮ノ口町 23
TEL & FAX ／ 075-871-2084
「花之天井」特別參拜／春（3 月中旬～ 5 月中旬）．秋（9 月中旬～ 11 月下旬）開放；時間為 10：00 ～ 16：00（15：30 後禁止入場）
參拜費用／神殿、「花之天井」須付費．國中生以上 800 日圓
交通方式／從市內巴士．JR 巴士「平岡八幡前」站牌步行 3 分鐘即可抵達
【p.88、p.120】

法藏禪寺【法蔵禅寺】

〒 616-8253 京都府京都市右京区鳴滝泉谷町 19　TEL & FAX ／ 075-463-4159
※ 因為並非觀光型寺院，參拜前請先洽詢。
交通方式／從京福北野線「宇多野」車站步行 8 分鐘、或者從市內巴士．JR 巴士「福王寺」站牌步行 7 分鐘即可抵達
http://www11.ocn.ne.jp/~hozo-ji/ 【p.117】

【地圖I】 **原谷苑**

〒 603-8487 京都府京都市北区大北山原谷乾町 36　TEL ／ 075-461-2924
開苑日／僅限梅．櫻．楓紅時節開放
開苑時間／ 9：00 ～ 17：00（16：30 後禁止入場）
入苑費用／櫻花季節須付費（依實際狀況費用會變動）
交通方式／從地下鐵烏丸線「北大路」車站轉至市內巴士「原谷農協前」或「原谷」站，步行 2 分鐘即可抵達
http://www.haradanien.com/ 【p.105】

仁和寺

〒 616-8092 京都府京都市右京区御室大内 33　TEL ／ 075-461-1155　FAX ／ 075-464-4070
參拜時間／ 9：00 ～ 17：00（3 月～ 11 月期間只受理入場至 16：30）、9：00 ～ 16：30（12 月～ 2 月期間只受理入場至 16：00）
春季伽藍特別入山（御室櫻）時間／ 8：30 ～ 17：00
特別入山費用／大人 500 日圓、小．中學 生 200 日圓
※ 御殿．靈寶館（期間限定）．茶室（5 位以上可以明信片回函申請）需另行繳納參觀費
交通方式／從京福北野線「御室仁和寺」車站步行 2 分鐘，或在市內巴士「御室仁和寺」站牌下車即可抵達
http://www.ninnaji.or.jp/ 【p.105、p.107】

龍安寺

〒 616-8001 京都府京都市右京区龍安寺御陵下町 13　TEL ／ 075-463-2216　FAX ／ 075-463-2218
參拜時間／ 8：00 ～ 17：00（3 月～ 11 月）、8：30 ～ 16：30（12 月～ 2 月）　參拜費用／大人．高中生 500 日圓、國中小學生 300 日圓
交通方式／從京福北野線「龍安寺道」車站步行 7 分鐘、或在市內巴士「龍安寺前」站下車、從市內巴士「立命館大学前」站牌步行 7 分鐘即可抵達
http://www.ryoanji.jp/ 【p.113】

【地圖J】 **地主神社**

〒 605-0862 京都府京都市東山区清水 1-317　TEL ／ 075-541-2097
參拜時間／ 9：00 ～ 17：00　參拜費用／無
交通方式／從市內巴士「五条坂」或「清水道」站牌步行 10 分鐘即可抵達
http://www.jishujinja.or.jp/ 【p.64】

交通方式／從地下鐵東西線「東山」車站步行 10 分鐘、或者在市內巴士「岡崎公園美術館・平安神宮前」站牌下車即可抵達
http://www.heianjingu.or.jp/ 【p.78】

京都國立近代美術館【京都国立近代美術館】

〒 606-8344 京都府京都市左京区岡崎円勝寺町　TEL ／ 075-761-4111
開館時間／ 9：30 ～ 17：00（16：30 後禁止入館）※ 有夜間開館時段
休館日／週一（若為國定假日則順延至週二）、新年假期、更換展覽期間、其他臨時休館日
※2015 年 3 月 26 日前，因為館內修建而暫時休館
參觀費用／根據展覽內容有所變動
交通方式／從地下鐵東西線「東山」車站步行 10 分鐘、或者在市內巴士「岡崎公園美術館・平安神宮前」站牌下車即可抵達
http://www.momak.go.jp/ 【p.286】

細見美術館

〒 606-8342 京都府京都市左京区岡崎最勝寺町 6-3　TEL ／ 075-752-5555
開館時間／ 10：00 ～ 18：00
休館日／週一（若為國定假日則順延至週二）、更換展覽期間、新年假期
參觀費用／根據展覽內容有所變動
交通方式／從地下鐵東西線「東山」車站步行 7 分鐘、或者從市內巴士「東山二条・岡崎公園口」站牌步行 3 分鐘即可抵達
http://www.emuseum.or.jp/ 【p.286】

圓山公園【円山公園】

〒 650-0071 京都府京都市東山区円山町　TEL ／ 075-643-5405
交通方式／從京阪本線「祇園四条」車站或地下鐵東西線「東山」車站步行 10 分鐘即可抵達
【p.227】

辰巳大明神【辰巳大明神】

〒 605-0087 京都府京都市東山区新橋花見小路西入ル元吉町
TEL ／ 075-752-7070（京都市觀光協會）
交通方式／從京阪本線「祇園四条」車站步行 10 分鐘即可抵達 【p.241】

東華菜館（總店）

〒 600-8012 京都府京都市下京区四条大橋西詰　TEL ／ 075-221-1147　FAX ／ 075-221-1148
營業時間／ 11：30 ～ 21：30（最後點餐 21：00） 年終無休
交通方式／從京阪本線「祇園四条」車站或阪急京都線「河原町」車站下車直達
http://www.tohkasaikan.com/ 【p.44】

【地圖 G】

京都御苑

〒 602-0881 京都府京都市上京区京都御苑 3
TEL ／ 075-211-6348　FAX ／ 075-255-6433（環境省京都御苑管理事務所） 入苑免費、苑內可自由參觀
交通方式／從地下鐵烏丸線「丸太町」車站步行 1 分鐘即可抵達
http://www.env.go.jp/garden/kyotogyoen/ 【p.234】

大丸 Villa【大丸ヴィラ】

〒 602-8023 京都府京都市上京区烏丸通丸太町上ル春日町 433-2
※ 門內區域一般不公開
交通方式／在地下鐵烏丸線「丸太町」車站旁 【p.44】

http://www.nanzen.net/ 【p.63、p.66】

金地院
〒 606-8435 京都府京都市左京区南禅寺福地町 86-12　TEL ／ 075-771-3511
参拜時間／ 8：30 ～ 17：00（12 月～ 2 月為 8：30 ～ 16：30）
參拜費用／大人（大學生以上）400 日圓、高中生 300 日圓、國中生 200 日圓、兒童 100 日圓
※ 參拜茶室、八窗席必須以回函明信片預約
交通方式／從地下鐵東西線「蹴上」車站步行 5 分鐘即可抵達 【p.69】

京都市美術館
〒 606-8344 京都府京都市左京区岡崎円勝寺町 124 岡崎公園內
TEL ／ 075-771-4107　FAX ／ 075-761-0444
開館時間／ 9：00 ～ 17：00（16：30 以後禁止入場）
休館日／週一（若為國定假日則開館）、新年假期（12 月 28 日～ 1 月 2 日）
參觀費用／根據展覽內容有所不同
交通方式／從地下鐵東西線「東山」車站步行 10 分鐘、或者在市內巴士「岡崎公園美術館．平安 神宮前」站牌下車即可抵達
http://www.city.kyoto.jp/bunshi/kmma/ 【p.286】

蹴上淨水廠
〒 605-0052 京都府京都市東山区粟田口華頂町 3
TEL ／ 075-672-7810（京都市上下水道局總務部總務課）
特別開放日／配合杜鵑花開的季節，往年都是在黃金週時開放數日
開放時間／ 9：00 ～ 16：00（15：30 後禁止入場）
交通方式／在地下鐵東西線「蹴上」車站下車即可抵達 【p.61】

日向大神宮
〒 607-8491 京都府京都市山科区日ノ岡一切経谷町 29　TEL ／ 075-761-6639
神宮內可自由參觀　交通方式／從地下鐵東西線「蹴上」車站步行 15 分鐘即可抵達
http://www12.plala.or.jp/himukai/ 【p.61】

安養寺
〒 606-8443 京都府京都市左京区粟田口山下町 8　TEL ／ 075-771-5339
寺內可自由參觀　交通方式／從地下鐵東西線「蹴上」車站步行 10 分鐘即可抵達 【p.62】

【地圖 F】 京都大學綜合博物館
〒 606-8501 京都府京都市左京区吉田本町　TEL ／ 075-753-3272
開館時間／ 9：30 ～ 16：30（16：00 後禁止入館）
休館日／週一．週二．新年假期（12 月 28 日～ 1 月 4 日）
參觀費用／大人 400 日圓、高中．大學生 300 日圓、國中小學生 200 日圓
交通方式／從市內巴士「百万遍」站牌步行 2 分鐘即可抵達
http://www.museum.kyoto-u.ac.jp/ 【p.36】

平安神宮
〒 606-8341 京都府京都市左京区岡崎西天王町 97　TEL ／ 075-761-0221　FAX ／ 075-761-0225
參拜時間／ 6：00 ～ 18：00（2 月 15 日～ 3 月 14 日以及 10 月份，每天參拜時間至 17：30 為止；11 月～ 2 月 14 日則是到 17：00 為止）
神苑參拜／ 8：30 ～ 17：30（3 月 1 日～ 14 日以及 10 月份到 17：00 為止；11 月～ 2 月則是到 16：30 為止）
神苑參拜費用／大人 600 日圓、兒童 300 日圓，一般參拜免費

【地圖D】 **常照寺**

〒 603-8468 京都府京都市北区鷹峯町 1　TEL ／ 075-492-6775
開放時間／ 8:30 ～ 17:00（15:00 後禁止入館）　門票／大人（國中生以上）300 日圓、兒童 150 日圓
交通方式／從市內巴士「鷹峯源光庵前」站牌步行 2 分鐘即可抵達　【p.88】

源光庵

〒 603-8468 京都府京都市北区鷹峯北鷹峯町 47　TEL ／ 075-492-1858
開放時間／ 9:00 ～ 17:00　門票／大人（國中生以上）400 日圓、兒童 200 日圓
交通方式／從市內巴士「鷹峯源光庵前」站牌步行 1 分鐘即可抵達　【p.96】

光悅寺

〒 603-8468 京都府京都市北区鷹峯光悅町 29　TEL ／ 075-491-1399
開放時間／ 8:00 ～ 17:00　門票／大人 300 日圓、小學生以下免費
交通方式／從市內巴士「鷹峯源光庵前」站牌步行 3 分鐘即可抵達　【p.95】

SHOZAN光悅藝術村（SHOZAN渡假京都）【しょうざん光悦芸術村（しょうざんリゾート京都）】

〒 603-8451 京都府京都市北区衣笠鏡石町 47　TEL ／ 075-491-5101（代表號）
庭園開放時間／ 9:00 ～ 17:00（15:00 後禁止入館）　門票／ 500 日圓
交通方式／從市區巴士「北木畑町」站牌步行 3 分鐘即可抵達
http://www.shozan.co.jp/　【p.98】

【地圖E】 **京都市動物園**

〒 606-8333 京都府京都市左京区岡崎法勝寺町岡崎公園內　TEL ／ 075-771-0210
開館時間／ 9：00 ～ 17：00（3 月～ 11 月）、9：00 ～ 16：30（12 月～ 2 月）
※ 閉館前 30 分鐘不得入園。　休館日／週一（若為國定假日則順延至週二）、新年假期
門票／大人 600 日圓、中學生以下免費
交通方式／從地下鐵東西線「蹴上」車站步行 5 分鐘即可抵達、市內巴士「岡崎公園動物園前」站牌下車即達
http://www5.city.kyoto.jp/zoo/　【p.76】

金戒光明寺

〒 606-8331 京都府京都市左京区黒谷町 121　TEL ／ 075-771-2204 寺內可隨意參觀
交通方式／從市內巴士「東天王町」站牌步行 15 鐘、或者市內巴士「岡崎道」站牌步行 10 分鐘即可抵達
http://www.kurodani.jp/　【p.78】

真正極樂寺（真如堂）

〒 606-8414 京都府京都市左京区浄土寺真如町 82　TEL ／ 075-771-0915
參拜時間／ 9：00 ～ 16：00（受理至 15：45 為止，若需要亦備有專人解說）參拜費用／大人 500 日圓、高中生 300 日圓、國中生 200 日圓、小學生免費
交通方式／從市內巴士「錦林車庫前」或「真如堂前」站牌步行 8 分鐘即可抵達
http://shin-nyo-do.jp/　【p.80】

南禪寺

〒 606-8435 京都府京都市左京区南禅寺福地町　TEL ／ 075-771-0365
參拜時間／ 8：40 ～ 17：00（3 月～ 11 月）、8：40 ～ 16：30（12 月～ 2 月）
※ 年末（12 月 28 日～ 31 日）不接受一般參拜
參拜費用／方丈庭園 500 日圓、三門 500 日圓、南禪院 300 日圓不等
交通方式／從地下鐵東西線「蹴上」車站步行 10 分鐘、或者從市內巴士「東天王町」或「南禪寺・永觀堂道」站牌から步行 10 分鐘

【附錄】本書主要寺廟・商店・住宿資訊

※ 營業時間、休假日、價格等資訊皆有可能變動，出發前請務必確認最新消息。部分景點需要事前預約。另外，大學內的設施有可能長期歇業，請務必詳加注意。
※ 原則上依照卷末地圖（p.294-p.311）的順序記載。各項資料最後的【頁數】可對應正文之頁數。

■寺廟・觀光景點

【地圖A】

駒井家住宅

〒606-8256 京都府京都市左京区北白川伊織街 64　TEL & FAX／075-724-3115
開放日／僅限週五・週六（7 月的第 3 週到 8 月底、12 月的第 3 週到 2 月底休館）
開放時間／10:00 ～ 16:00（15:00 後禁止入館）
門票／大人 500 日圓、國高中生 200 日圓、小學生以下免費
交通方式／從叡山本線「茶山站」步行 7 分鐘即可抵達
http://www.national-trust.or.jp/properties/komaike/k.html　【p.44】

白沙村莊

〒606-8406 京都府京都市左京区浄土寺石橋 37　TEL／075-751-0446　FAX／075-751-0448
開放時間／10:00 ～ 17:00（15:00 後禁止入館）
門票（庭園＋美術館）／1000 日圓（特展 1300 日圓）
交通方式／從市區巴士「銀閣寺道」站牌步行 3 分鐘即可抵達
http://www.hakusasonso.jp/　【p.86】

【地圖B】

京都工藝纖維大學 美術工藝資料館

〒606-8585 京都府京都市左京区　TEL／075-724-7924　FAX／075-724-7920
開放時間／10:00 ～ 17:00（16:30 後禁止入館）　休館日／週日・國定假日
門票／大人 200 日圓、大學生 150 日圓、高中生以下免費
交通方式／從地下鐵烏丸線「松崎站」步行 8 分鐘即可抵達
http://www.museum.kit.ac.jp　【p.43】

【地圖C】

日本福音路德教派賀茂川教會【日本福音ルーテル賀茂川教会】

〒603-8132 京都府京都市左京北区小山下内河原町 14　TEL／075-491-1402
交通方式／從地下鐵烏丸線「北大路站」步行 2 分鐘即可抵達
http://www.jelc-kamogawa.com　【p.45】

寶鏡寺（人形寺）【宝鏡寺（人形寺）】

〒602-0072 京都府京都市左上京区寺之内通堀川東入ル百々町 547　TEL／075-451-1550
開放日期／春季（3 月 1 日左右～ 4 月 3 日左右）以及秋季（11 月 1 日～ 30 日左右）
開放時間／10:00 ～ 16:00（15:30 後禁止入館）　門票／大人 600 日圓、兒童 300 日圓
交通方式／市內巴士「堀川寺之內」站牌旁
http://www.hokyoji.net　【p.28】

安默斯特館（同志社大學今出川校區內）【アーモスト館（同志社大学今出川キャンパス内）】

〒602-8580 京都府京都市上京区今出川通烏丸東入ル　TEL／075-251-3120（同志社大學宣傳課）
交通方式／從地下鐵烏丸線「今出川站」步行 1 分鐘即可抵達
http://www.doshisya.ac.jp/japanese/（同志社大學官網）　【p.44】

生活文化76
京都：春季遊
おひとり京都の春めぐり

作　者—柏井壽
譯　者—涂紋凰
責任編輯—陳萱宇
主　編—謝翠鈺
行銷企劃—陳玟利
封面設計—江孟達
美術編輯—菩薩蠻數位文化有限公司

董 事 長—趙政岷
出 版 者—時報文化出版企業股份有限公司
108019台北市和平西路三段二四〇號七樓
發行專線—（〇二）二三〇六六八四二
讀者服務專線—〇八〇〇二三一七〇五
（〇二）二三〇四七一〇三
讀者服務傳真—（〇二）二三〇四六八五八
郵撥—一九三四四七二四時報文化出版公司
信箱—一〇八九九　台北華江橋郵局第九九信箱

時報悅讀網—http://www.readingtimes.com.tw
法律顧問—理律法律事務所　陳長文律師、李念祖律師
印　刷—勁達印刷有限公司
二版一刷—二〇二三年三月二十四日
定　價—新台幣三八〇元
缺頁或破損的書，請寄回更換

時報文化出版公司成立於一九七五年，
並於一九九九年股票上櫃公開發行，於二〇〇八年脫離中時集團非屬旺中，
以「尊重智慧與創意的文化事業」為信念。

京都：春季遊／柏井壽作；涂紋凰譯. -- 二版. -- 台北市：時報文化出版企業股份有限公司, 2023.03
面；　公分. -- (生活文化；76)
譯自：おひとり京都の春めぐり
ISBN 978-626-353-520-6 (平裝)

1.CST: 旅遊　2.CST: 日本京都市

731.75219　　112001250

ISBN 978-626-353-520-6
Printed in Taiwan